NLP FÜR PROFIS

GLAUBENSSÄTZE & SPRACHMODELLE

INKE JOCHIMS

6. Auflage (unverändert, neuer Satz) 2025

© 2025 by Inke Jochims

Autorin: Inke Jochims, www.inke-Jochims.de, jochims buecher.de

Satz: Inke Jochims mit Atticus.

Verlag: BoD · Books on Demand GmbH, In de Tarpen 42, 22848 Norderstedt, bod@bod.de

Druck: Libri Plureos GmbH, Friedensallee 273, 22763 Hamburg

ISBN: 978-3-7693-0652-1

BILDNACHWEIS

Alle Fotos sind von der Webseite www.pixabay.com. Die jeweiligen Autoren haben Sie kostenfrei zur kommerziellen Nutzung freigegeben. Wir bedanken uns herzlich! Die Folien wurden ohne Ausnahme von Inke Jochims erstellt.

DISCLAIMER

In diesem Buch werden psychologische Ratschläge gegeben. Alle Ideen, Konzepte und Verfahren wurden sorgfältig geprüft. Dennoch weisen wir ausdrücklich darauf hin, dass dieses Buch keine medizinische oder psychologische Therapie ersetzt und dies auch nicht beabsichtigt. Die Umsetzung der Ideen aus diesem Buch erfolgt auf eigene Verantwortung.

INHALTSVERZEICHNIS

Für Joachim

EINLEITUNG

466. Wozu denkt der Mensch? Wozu ist es nütze? – Wozu berechnet er Dampfkessel und überlässt ihre Wandstärke nicht dem Zufall? Es ist doch nur Erfahrungstatsache, dass Kessel, die so berechnet wurden, nicht so oft explodieren! Aber so, wie alles er täte, als die Hand ins Feuer stecken, das ihn früher gebrannt hat, so wird er alles eher tun, als den Kessel nicht berechnen. – Da uns Ursachen aber nicht interessieren, – werden wir sagen: die Menschen denken tatsächlich: sie gehen z.B. auf diese Weise vor, wenn sie einen Dampfkessel bauen. – Kann nun ein so erzeugter Kessel nicht explodieren? Oh, doch. 467. Denkt der Mensch also, weil denken sich bewährt hat? – Weil er denkt, es sei vorteilhaft, zu denken? (Erzieht er seine Kinder, weil es sich bewährt hat?) 468. Wie wäre herauszubringen: warum er denkt? 469. Und doch kann man sagen, das Denken habe sich bewährt. Es seien jetzt weniger Kesselexplosionen als früher, seit etwa die Wandstärken nicht mehr nach dem Gefühl bestimmt, sondern auf die und die Weise berechnet werden. Oder, seit man jede Berechnung eines Ingenieurs durch einen zweiten kontrollieren lässt. (Aus: Ludwig Wittgenstein, Philosophische Untersuchungen, § 466-470)

• • • ● ● ● ● • •

Das Ziel dieses Buches

NLP für Profis – dieser Titel möchte vor allem Menschen ansprechen, die sich schon einige Jahre mit NLP beschäftigen und Lust haben, einiges über die Hintergründe des Modells zu erfahren. Ein wichtiger Vorläufer des heutigen "NLP" ist das Modell des Neuro-linguistischen Trainings von Alfred Korzybski.

Ich denke, dass es die Kenntnis dieses Modells leicht macht, das heutige NLP dessen Schwerpunkt auf der Arbeit mit Glaubenssätzen liegt, erfolgreich einzusetzen. Ich habe das Modell des Neurolinguistischen Trainings von Alfred Korzybski ausführlich beschrieben.

Damit diese Erkenntnisse auch praktisch umgesetzt werden können, stelle ich einige Sprachmodelle vor, die in den letzten Jahren neu entwickelt wurden. Dazu gehören die "Sleight-of-mouth-Patterns" von Robert Dilts oder das Modifizierte Meta-Modell des kanadischen Ehepaares Dennis K. Chong und Jennifer K. Chong. Weiterhin stelle ich die "logischen Ebenen" von Robert Dilts so dar, dass dieses Modell in jedes Gespräch integriert werden kann.

Als Richard Bandler und John Grinder in den frühen 70ern mit jenem Unternehmen begannen, das heute NLP heißt, war es ihr Ziel, ihre Ideen in jede bestehende Therapierichtung integrieren zu können. Erst im Laufe der Zeit wurde aus der "Struktur der Magie" eine eigene Therapierichtung, das NLP.

Dieses Buch verfolgt das ursprüngliche Ziel: Die Sprachmodelle des NLP in jede Therapie- und Beratungssituation integrierbar zu machen. Die Sprachmodelle des NLP sind zu machtvollen Instrumenten geworden, die in jeder Coaching-, Beratungs- oder Therapiesituation erfolgreich angewendet werden können. Dies ist das erste Buch im deutschen Sprachraum, in welchem die wichtigsten Sprachmodelle systematisch zusammenstellt wurden, so dass sie lehr- und lernbar sind.

Die Sprachmodelle sind kein rein technisches Instrument. Sie sind Ausdruck eines Modells von Welt, genau wie das ganze NLP Ausdruck eines bestimmten Modells von Welt ist. Es war mir wichtig, deutlich zu machen, dass NLP einer bestimmten Erkenntnistheorie verpflichtet ist, und dass jeder, der NLP-Modelle anwendet, implizit oder explizit diese Erkenntnistheorie lehrt.

Der Mitentwickler des NLP, John Grinder, machte als erster deutlich, dass auch das NLP eine Philosophie vertritt und lehrt. 1987 stellte er NLP in seinem Buch "Turtles all the way down" (dt.: "Der Reigen der Daimonen") in einen erkenntnistheoretischen Kontext. Etwa um dieselbe Zeit begann im NLP die Arbeit mit Glaubenssätzen. Die Sprachmodelle sind gerade für die Arbeit mit Glaubenssätzen sehr geeignet.

· · · ● · ● · · ·

Wechsel der Perspektive im NLP

Vor einigen Tagen kaufte ich ein neu erschienenes NLP-Buch und fand auf dem Umschlag folgende Beschreibung des Neurolinguistischen Programmierens:

NLP wurde entwickelt, um die Geheimnisse erfolgreicher Kommunikation zu erforschen und dieses Wissen für alle Menschen erlernbar zu machen.

Dies ist die Definition des NLP, so wie es sich selbst vor der Arbeit mit Glaubenssätzen sah. Der Fokus der Aufmerksamkeit war auf Fragen gerichtet wie: "Wie macht man etwas gut?", "Wie funktioniert Kommunikation?", "Wie funktioniert eine gute Strategie?" Das NLP beschäftigte sich mit der Beschreibung und Vermittlung prozeduralen Wissens.

Der zitierte Satz umreißt die Vorannahmen des frühen NLP: die Strukturen erfolgreicher Kommunikation sind lehr- und lernbar. Geglückte Kommunikation ist die Folge angemessenen Verhaltens. Wer beispielsweise lernt, Prädikate zu "pacen", wer sich also in seinen sprachlichen Äußerungen auf sein Gegenüber einstellt, kommuniziert erfolgreicher als derjenige, der das nicht tut.

Die Double-Bind-Theorie Gregory Batesons basierte auf einer ähnlichen Vorannahme: Erkrankungen wie z.B. Schizophrenie sind eine Folge gestörter zwischenmenschlicher Kommunikation in Familien (hier: Widerspruch zwischen verbaler und nonverbaler Ebene). Die logische Konsequenz einer solchen Vorannahme ist die Idee, dass richtige oder angemessene Kommunikation für den Kranken eine Lernerfahrung darstellt, die irgendwann die Störungen beheben wird.

Die gleiche Überlegung gilt im Alltag: Wenn Störungen eine Folge unangemessener Kommunikation sind, was liegt näher, als "Kommunikation" zu lernen. Virginia Satir, Fritz Perls und Milton H. Erickson waren Menschen, die so mit anderen kommunizierten, dass diese gesund wurden. Richard Bandler und John Grinder beschlossen, deren Kommunikationsverhalten zum Modell zu nehmen.

Das Motto jener Jahre war der respektlose Satz Bandlers: "Es interessiert uns nicht, was sie sagen, was sie tun, sondern was sie tatsächlich tun."

Richard Bandler und John Grinder beschrieben dieses Kommunikationsverhalten, und das Ergebnis ihrer Arbeit war zweierlei: (a) sie formulierten die Prinzipien "guter" Kommunikation und (b): sie entwickelten aus dem abgeschauten therapeutischen Verhalten Virginia Satirs, Fritz Perls' und Milton H. Ericksons die NLP-Techniken.

Als man begann, sich für die Veränderung von Glaubenssätzen zu interessieren, ging man einen Schritt zurück: Wenn eine Störung eine Folge unangemessener Kommunikation ist, was führt dann zu unangemessenem Kommunikationsverhalten? Ist es wirklich so, dass es einfach reicht, Anleitungen rauszugeben, wie man was besser machen kann und schon machen es alle besser? Warum lernen einige Menschen besser, wenn sie eine gute Anleitung haben, andere aber nicht?

Nach den Anfangsjahren des NLP, zwischen 1974 und 1978, in denen die Prinzipien des NLP formuliert wurden und so wichtige Modelle wie das "Reframing" entstanden, hat sich zwischen 1978 und etwa 1985 die NLP-Arbeit vor allem darauf konzentriert, Techniken für die Behandlung von Symptomen zu entwickeln. Teilweise waren die Erfolge großartig.

Je ausgefeilter die Techniken und Strategien jedoch wurden, und je "besser" die Kommunikation dank der zahlreichen Anleitungen hätte sein müssen, desto deutlicher wurde, dass die Arbeit mit einzelnen Techniken häufig ebenso wenig funktionierte wie die Kommunikation. John Grinder und Robert Dilts reagierten auf diese Erkenntnis mit ihrer theoretischen und praktischen Arbeit zur Veränderung von Glaubenssätzen.

Bei einigen Menschen verhindern einschränkende Glaubenssätze, dass sie Anleitungen zu guter Kommunikation beherzigen, auch wenn diese Ideen noch so gut, einleuchtend und erfolgreich sind. Man nimmt im NLP heute nicht mehr an, dass unangemessene Kommunikation auf schierer Unfähigkeit oder Unkenntnis beruht, sondern auf einer bestimmten Art und Weise, die Welt und die Erfahrung von ihr zu deuten.

Die Arbeit mit Glaubenssätzen stellt im NLP einen Perspektivenwechsel dar. Der Fokus der Aufmerksamkeit richtete sich auf die Frage, was Glaubenssätze sind und wie sie Verhalten steuern. Glaubenssätze werden benutzt, um Erfahrungen zu deuten. Ein System von Glaubenssätzen bestimmt die Wahrnehmung eines Ereignisses und die auf dieser Wahrnehmung und Interpretation basierenden Handlungsentwürfe.

Einschränkende Glaubenssätze wirken also, bevor jemand ein bestimmtes Verhalten zeigt. Dementsprechend geht es heute primär darum, den einschränkenden Glaubenssatz zu verändern. Erst dann kann ein neues, dem neuen Weltbild angemessenes Kommunikationsverhalten gelernt werden. Die Lernbarkeit von Kommunikation wird also nicht grundsätzlich bestritten, wohl aber neu gesehen.

Das bedeutet nicht, dass Glaubenssätze nun wiederum Ursachen von Störungen sind, so dass die alte lineare Vorstellung von Ursache und Wirkung quasi durch die Hintertür wieder eingeführt worden wäre. Es scheint vielmehr so zu sein, dass Kommunikationsverhalten und Glaubenssätze Teil eines komplexen Netzwerkes von Kausalitäten sind, die miteinander wechselwirken und aus denen schließlich das resultiert, was wir "Kommunikation" nennen.

Das Resultat "Kommunikation" wird nun wieder zum Teil des komplexen Netzwerkes. Man weiß heute, dass nicht nur Kommunikationsverhalten, sondern auch Glaubenssätze in diesem Netz eine wichtige Rolle spielen. Die heutige Sichtweise wird der komplexen Realität wohl mehr gerecht.

Diese Änderung der Perspektive stellte die NLP-Anwender vor eine Reihe von neuen Problemen. Was ist ein Glaubenssatz und wie identifiziert man ihn? Was wäre hier "identifizieren"? Dingfest machen wie einen Dieb? Glaubenssätze sind keine *Objekte,* die in einem

Winkel des menschlichen Gehirns herumschwirren und dort Unsinn anrichten.

Man kann Glaubenssätze nicht als isolierbare Entitäten im Gehirn haben, so wie man seine Socken im Schrank hat. Glaubenssätze sind individuell erlernte Verfahren oder Regeln, nach denen Sinneserfahrungen *interpretiert* werden. Sie entstehen als Schlussfolgerungen aus Erfahrungen und filtern dann neue Erfahrungen. Glaubenssätze sind keine Symptome, die eindeutig beschreibbar und eindeutig für alle Menschen gleichermaßen erkennbar sind.

NLP-Techniken werden häufig benutzt, um ein klar umrissenes Problem zu behandeln: eine Phobie mit einem *eindeutigen* Auslöser (wie beispielsweise der Angst vor Fahrstühlen), *eine* unerwünschte Reaktion (wie beispielsweise ein Schweißausbruch in Gesprächen mit einem Gesprächspartner), *eine* im jeweiligen Kontext ungünstige Strategie, die durch eine andere Strategie ersetzt bzw. verbessert wird (beispielsweise die ungünstige auditive Buchstabierstrategie, die durch die visuelle Buchstabierstrategie, die Robert Dilts modellierte, ersetzt wird).

Für verschiedenste Probleme dieser Art stellte NLP diverse Techniken bereit, deren Erfolg die neue Methode berühmt machte.

Der Schwerpunkt der Arbeit mit Strategien oder Verhaltensproblemen war die sofortige Veränderung. Die Arbeit mit NLP setzte ein, nachdem das Problem beschrieben war. Das Problem war leicht zu beschreiben, denn es war dem Klienten bewusst. Glaubenssätze hingegen – zumindest die stark einschränkenden – sind unbewusst.

• • • ● • ● • ● • • •

Oder wie Dilts schreibt: *"Das Schwierigste bei dem Versuch, einen Glaubenssatz zu identifizieren, ist, dass die Glaubenssätze, die Sie am stärksten beeinflussen, gewöhnlich diejenigen sind, derer Sie sich am wenigsten bewusst sind."*[1]

Symptome sind leicht zu identifizieren. Sie sind unangenehm, vielleicht sogar sehr stark einschränkend, aber *bewusstseinsfähig*. Klient und Therapeut können sich schnell darauf einigen, "was das Problem wirklich ist". Reiz und Reaktion sind beiden bekannt. Der Therapeut verfügt über einen Satz von Techniken, mit dessen Hilfe er die Reaktion auf den Reiz verändert.

Die Veränderung von Glaubenssätzen ist etwas qualitativ anderes als die Aufgaben, die bisher gelöst wurden. Glaubenssätze kann man im Gegensatz zu einem bestimmten Verhalten oder einer Strategie nicht sehen, nicht hören, nicht fühlen. Was man sehen, hören oder fühlen kann, ist ein Verhalten, welches das Resultat eines Glaubenssatzes ist. Glaubenssätze müssen aus dem tatsächlich gezeigten Verhalten "erschlossen" werden.

Der Schwerpunkt der Arbeit mit Glaubenssätzen liegt im gemeinsamen Auffinden, dem gemeinsamen Beschreiben und Rekonstruieren eines Glaubenssatzes.

Da Glaubenssätze nicht bewusst sind, ist der Prozess des Auffindens eines Glaubenssatzes eine andere Art der Arbeit, als die Anwendung einer NLP-Technik bei einem Klienten, der mit einem klar definierten Problem vorbeikommt und sagt: *Diese Angst vor Fahrstühlen stört mich.*

NLP in der Arbeit mit Glaubenssätzen geht also weit über die Anwendung von Techniken hinaus. Da Glaubenssätze aus dem tatsächlich gezeigten Verhalten des Klienten durch Interpretation und Deutung "erschlossen" werden müssen, ist das Modell von Welt des Deutenden für das was als Deutung entsteht, mitentscheidend. Es ist nicht möglich, unabhängig von irgendeinem Modell von Welt konkretes Verhalten zu deuten. Als John Grinder die Arbeit mit Glaubenssätzen begann, schrieb er in seinem schon erwähnten Buch "Turtles all the way down" (dt.: "Der Reigen der Daimonen"):

"Der westliche Mensch des 20. Jahrhunderts ist stolz darauf, die Wahl zu haben, welche Art von Erfahrungen er machen möchte. Mit genügend Kapital kann ein westlicher Mensch entscheiden, ob er sich einen Chevie Blazer oder einen Toyota 4-Wheel Drive Pickup, möglicherweise einen Ford Mustang kauft. Weitaus wichtiger jedoch: Er kann sogar entscheiden, gar kein Auto zu besitzen.

Auf die gleiche Art und Weise kann der moderne westliche Mensch zwischen einer empirischen Erkenntnistheorie oder einer spirituellen Erkenntnistheorie oder sogar einer nihilistischen Erkenntnistheorie wählen – aber am wichtigsten: *Er kann nicht keine Erkenntnistheorie haben.* Er kann der Meinung sein, dass er keine haben möchte – er kann sogar mit allen seinen Ressourcen einer besonderen Erkenntnistheorie Widerstand leisten, aber der Widerstand selbst wäre in diesem Fall schon ein erkenntnistheoretischer Akt. (...)

Man kann nicht nicht kommunizieren, und folglich kann man auch nicht keine Erkenntnistheorie haben – sie mag unbewusst, unerwünscht, oder für ihren Eigentümer sogar völlig unzugänglich sein, aber sie lässt sich präzise aus dem Verhalten der Person erschließen, sie kommt in dem Verhalten der Person zum Ausdruck."[2]

Wenn man nicht keine Erkenntnistheorie haben kann, stellt sich im therapeutischen Kontext die Frage: Was ist eine "gesunde", was ist eine "kranke" Erkenntnistheorie. Wenn gestörte Kommunikation die Folge und nicht die Ursache einer Störung ist, kann man umgekehrt sagen, dass gelungene Kommunikation die Folge einer gesunden Art zu erkennen ist. Zu diesem Zweck braucht man eine Theorie dessen, wie eine gesunde Art zu erkennen, funktioniert. Und man braucht eine Möglichkeit, diese Theorie in die Praxis umzusetzen und zu sehen, wie die Ergebnisse sind.

Die NLP-Präsuppositionen basieren auf einer Theorie der Gesundheit, die nicht von Grinder, nicht von Bandler und auch nicht von Virginia Satir, Fritz Perls und Milton H. Erickson stammt, sondern von Alfred Korzybski.

An dieser Stelle möchte ich einen Ausflug in die Entstehungsgeschichte des NLP unternehmen.

Schon lange, genauer seit 1938, schon lange also, bevor 1974 Richard Bandler und John Grinder begannen, das Neurolinguistische *Programmieren* zu erfinden, wurden an amerikanischen Universitäten Trainings und Seminare in einem psychoedukativen Verfahren angeboten, das der Sprachphilosoph Alfred Korzybski entwickelt hatte.

Das Verfahren basierte auf der von Korzybski formulierten Erkenntnistheorie und war ursprünglich ein therapeutisches Verfahren. Später wurde es in der Erziehung, der Medizin und im

Managementtraining angewandt. Sein Name: Neurolinguistisches *Training*. Die wichtigste Präsupposition des Neuro-linguistischen Trainings dürfte Menschen, die sich schon länger mit NLP befassen, bekannt vorkommen: *Die Landkarte ist nicht das Gebiet.*

1965 fand in San Francisco ein großer Kongress der Neuro-linguistischen Trainer statt. San Francisco liegt etwa eine Autostunde von Santa Cruz, der Universität, an der das NLP entstand, entfernt. 1974 begannen Bandler und Grinder mit ihrer Arbeit am Meta-Modell.

Im November 1976 verfasste Robert B. Dilts das erste "NLP"-Buch, "Roots of NLP" (das allerdings erst 1983 erschien). Der letzte Kongress der Neuro-linguistischen Trainer wurde 1977 in St. Louis abgehalten. 1980 erschien das erste Buch, das den Begriff "NLP" im Titel führte: "Neuro-Linguistic Programming: Volume I" (dt.: "Strukturen subjektiver Erfahrung. Ihre Erforschung und Veränderung durch NLP").

Als Grinder und Bandler Virginia Satir, Fritz Perls und Milton H. Erickson "modellierten", hatten sie also bereits eine begründete Theorie der "Gesundheit" zur Verfügung. "Science und Sanity" (Wissenschaft und Gesundheit) beschäftigt sich mit der Art, wie Erfahrungen organisiert und wie diese Erfahrungen zu Symbolen verarbeitet werden sollten, so dass "Landkarten" mit optimalen Ergebnissen entstehen.

Korzybskis Arbeiten haben viele große Therapieentwürfe beeinflusst, Gregory Bateson ebenso wie Eric Berne, der wiederum lange Jahre eng mit Virginia Satir zusammenarbeitete. Die Weiterentwicklungen seiner Ideen sind teilweise in das NLP zurückgeflossen und haben es bereichert. Das gilt besonders für das Modell der logischen Ebenen von Robert Dilts.

Korzybskis Ziele werden heute von fast allen Therapeuten geteilt. Die Erhöhung der Flexibilität, eine verbesserte Fähigkeit des Individuums, in seiner Umgebung zurechtzukommen, die Auflösung von Blockaden, ein sinnvoller Einsatz von Energie sowie ein günstigerer physiologischer Gesamtzustand sind Ergebnisse, die in jeder Therapie angestrebt werden.

Korzybskis Modell werde ich ausführlich darstellen. Dem theoretischen Modell von Korzybski stehen als Weiterentwicklung und Eigenleistung der NLP-Entwickler die praktisch anwendbaren Sprachmodelle gegenüber.

Sprache wird überall eingesetzt, auch dort wo keine explizite Therapiesituation gegeben ist. Die Sprachmodelle können in jeder Situation, in der Menschen miteinander sprechen, angewendet werden.

· · · · ● ●● ● · · ·

---

1. Dilts, 1993

2. Grinder, 1987

ERKENNTNISTHEORETISCHE EINFLÜSSE

115. Ein Bild hielt uns gefangen. Und heraus konnten wir nicht, denn es lag in unserer Sprache, und sie schien es uns nur unerbittlich zu wiederholen. (Aus: Ludwig Wittgenstein, Philosophische Untersuchungen, § 115)

• • • ● • ● • • •

Erkenntnistheorie

In der Einleitung wurde John Grinder mit seiner Aussage, man könne nicht keine Erkenntnistheorie haben, bereits zitiert. John Grinder hatte erkannt, dass das NLP einen erkenntnistheoretischen Rahmen braucht, um die verschiedenen einzelnen Modelle zu einem sinnvollen Ganzen zu integrieren. Er hat damit einen Durchbruch im NLP geleistet, denn auch die Sprachmodelle können nur dann erfolgreich angewandt werden, wenn dem Anwender bewusst ist, was er mit welcher Intervention vermittelt und auf welcher Basis diese Interventionsideen entstanden sind.

Der Begriff "Erkenntnistheorie" wird in dem Zitat verwendet, ohne ihn zu erklären. Was ist eine Erkenntnistheorie? Was bedeutet es, dass man eine Erkenntnistheorie haben kann, ohne sich dessen bewusst zu sein?

Laut Duden ist "Erkenntnistheorie oder Epistemologie eine philosophische Grunddisziplin, die sich mit der Frage nach den Ursprüngen und Bedingungen, den Prinzipien und Methoden, den Zielen und Grenzen begründeten Wissens beschäftigt. Am Anfang aller Erkenntnistheorie steht die Frage, was man überhaupt unter ‚Wissen' verstehen soll, und zwar in Abgrenzung von ‚Meinen' und ‚Glauben'. Wissen liegt, im Gegensatz zu ‚Glauben' dann vor, wenn zur Haltung des Überzeugtseins (wie beim Glauben) die selbständige Kenntnis von guten Gründen hinzu kommt, die zur Bestätigung oder Rechtfertigung der fraglichen Aussagen hinreichen."

Eine "Erkenntnistheorie" im individuellen Bereich ist eine Sammlung von Kriterien und Gründen, wann man etwas "weiß" und wann man nur etwas "glaubt". Diese Kriterien und Gründe sind Strukturelemente des eigenen Modells von der Welt.

Erkenntnistheoretiker beschäftigen sich mit den klassischen philosophischen Fragen wie:

1. Welchen Erkenntniswert haben unsere Wahrnehmungen? Liefern sie uns Informationen über die Dinge der Außenwelt oder sind sie reine Konstrukte?

2. In welchem Maße ist objektive Erkenntnis, Wahrheit, möglich?

3. Welchen ontologischen Status hat die Realität? Existiert sie überhaupt? Wenn ja, kann man über sie etwas Sinnvolles aussagen?"[1]

Wenn John Grinder sagt, dass jeder Mensch eine Erkenntnistheorie hat, dann meint er damit, dass jeder diese Fragen für sich selbst individuell beantwortet hat. Wenn der Mensch ein naiver Realist ist, dann glaubt er, dass eine Realität existiert und dass man sie auch objektiv, so wie sie "wirklich" ist, erkennen kann. Wenn er ein naiver Idealist ist, dann glaubt er, dass gesichertes Wissen ausschließlich aus seinem Geist kommt. Demzufolge glaubt der naive Realist eher dem, was er sieht, hört oder fühlt, der naive Idealist eher dem, was er denkt.

Aber nicht nur der einzelne Mensch, sondern Gruppen von Menschen, zum Beispiel Vertreter von verschiedenen Therapierichtungen, haben die oben gestellten erkenntnistheoretischen Fragen in irgendeiner Art und Weise beantwortet.

· · · ● · ● · ● · · ·

Antworten des NLP

Die großen philosophischen Strömungen, die sich seit Jahrhunderten gegenüberstehen, sind der Realismus und der Idealismus. Zahlreiche Positionen stehen zwischen diesen beiden Extremen und versuchen zu vermitteln, so auch die Erkenntnistheorie, auf der das NLP basiert.

Wenn man von Realismus spricht, müssen zwei Formen des Realismus unterschieden werden: der "erkenntnistheoretische Realismus" und der "ontologische Realismus". Der ontologische Realismus behauptet nur, dass eine bewusstseinsunabhängige Welt existiert, er behauptet nicht, dass der Mensch imstande ist, diese Welt so zu erkennen, wie sie "wirklich" ist.

Ohne die Annahme einer realen, wirklich existierenden Welt könnten wir nicht erklären, wie die Sinneseindrücke eigentlich ins Gehirn kommen. Unser gesamter Lebenszusammenhang, alle Erfahrungen, alle Handlungen sowie der Umstand, dass wir mit anderen kommunizieren können, wären dann unbegreiflich und sinnentleert. Robert Dilts hat das für das NLP in einem Seminar einmal so formuliert: "Ich glaube schon, dass es irgend etwas gibt, was außerhalb unserer Haut vorgeht." Das Neurolinguistische Programmieren ist also einem ontologischen Realismus verpflichtet.

Der erkenntnistheoretische Realismus hält objektives Wissen für möglich, "er geht davon aus, dass die Sachverhalte der bewusstseinsunabhängigen Welt zumindest teilweise so zu erkennen sind, wie sie *tatsächlich* sind".[2] Diese Art Realismus ist dem NLP und seiner Vorannahme, man könne die Welt nicht erkennen, wie sie "wirklich" ist, eher fern. Trotzdem hat auch dieser Realismus seine Spuren im NLP hinterlassen. Die Erkenntnistheorie, auf der das NLP basiert, ist aus einer Integration verschiedener, scheinbar gegensätzlicher philosophischer Positionen hervorgegangen. Diese sind Idealismus und Empirismus (eine Form des Realismus).

• • • ● • ● • • •

Die empiristische Position

Ein wichtiger Vertreter der empiristischen Position ist der Philosoph David Hume. Er beantwortete die Frage nach dem Ursprung der Erkenntnis folgendermaßen: Die Basis aller Erkenntnis sind Sinneseindrücke (Impressions). "Sinneseindrücke" sind für Hume sowohl Sinneseindrücke, wie Eindrücke des Sehens und Hörens; aber auch direkte psychologische Erfahrungen zählen dazu, wie das Erlebnis von Hass oder Freude.

Sinneseindrücke sind nach Hume sowohl innere wie äußere Eindrücke. Diese werden so kombiniert und geordnet, dass unsere verschiedenen Vorstellungen (ideas) entstehen können. "Ideas" sind sozusagen Nachbilder oder Kopien im Verhältnis zu den Sinneseindrücken.

Vorstellung (idea) kann alles sein, die Vorstellung eines Hauses genauso wie die Vorstellung des Grundgesetzes oder einer geometrischen Beziehung. Die Grenze zwischen Erkenntnis und Nichterkenntnis verläuft zwischen den Vorstellungen, die auf Sinneseindrücke zurückgeführt werden können, und solchen, bei denen das nicht der Fall ist. Vorstellungen, die auf Sinneseindrücke zurückzuführen sind, stellen eine Erkenntnis dar, die anderen nicht. Eine Halluzination ist eine Vorstellung, die nicht auf Sinneseindrücke zurückgeführt werden kann, und sie ist deshalb keine Erkenntnis.

Nur was man gesehen, gehört und gefühlt hat, kann man auch wissen.

Das ist das Kernprinzip der Humeschen Erkenntnistheorie und auch Erkenntniskritik. Dies soll am Beispiel der Metapher von den Billardkugeln illustriert werden.

Man stelle sich einen Tisch mit Billardkugeln vor. Wenn man die Kugel A anstößt und sie trifft die Kugel B, dann rollt auch Kugel B. Wenn man das oft genug macht, kann man irgendwann sagen, dass Kugel A die Bewegung von Kugel B verursacht. Man kann diesen Vorgang beobachten und schließlich Gesetze darüber aufstellen, was notwendigerweise geschieht, wenn Kugel A mit einer bestimmten Richtung, Geschwindigkeit und Masse auf Kugel B trifft.

Wenn man über Ursache und Wirkung spricht, meint man im allgemeinen, dass 1. etwas auf etwas anderes folgt, 2. dass ein Kontakt zwischen zwei Phänomenen besteht und 3. dass das, was geschieht, notwendig geschieht.

Wie wissen wir das? Was genau sehen, hören oder fühlen wir, dass wir sagen könnten, wir wissen es?

Wir können sehen, dass etwas auf etwas anderes folgt, dass Kugel A Kugel B anstößt. Wir können auch sehen, dass ein Kontakt zwischen beiden Kugeln besteht. Schließlich können wir sehen, dass es jedes Mal, wenn wir es probieren, wieder passiert, dass es also so etwas wie Wiederholung gibt.

Das also wissen wir. Aber kann man auch die Notwendigkeit, dass es so sein muss, sehen? Sieht man Notwendigkeit? Hat Notwendigkeit einen Farbton, vielleicht blau, grün oder gelb? Hat Notwendigkeit einen Ton, vielleicht hoch, vielleicht tief? Kann man Notwendigkeit essen? Auch nicht. Also sagt Hume, können wir keine Erkenntnis der Notwendigkeit haben.

Das Beispiel mit der Kugel kann man viele Male wiederholen und schließlich *induktiv schließen,* dass dies immer geschehen wird. Man kann von einer endlichen Zahl von Beobachtungen auf eine allgemeine Gesetzmäßigkeit schließen. Aber, da man nicht alle Fälle der Vergangenheit, der Zukunft und der Gegenwart gesehen haben kann, kann man nicht wissen, dass es immer so sein wird.

Hume bestreitet nicht, dass es nicht Gesetze gibt, die eigentlich immer gelten, wie z.B. das Fallgesetz. Er sagt auch nicht, dass es nicht äußerst nützlich sein kann, solche Gesetze zu haben.

Er sagt einfach nur, dass man nicht wissen kann, ob sie gelten. Humes Anliegen war erkenntnistheoretisch: Er unterschied zwischen unmittelbarer Erfahrung und Induktion. Wenn man auf der Grundlage einer endlichen Zahl von Beobachtungen behauptet, dass etwas in Zukunft geschehen wird, sagt man mehr, als man eigentlich wissen kann. Er sagt nicht, dass man nicht klug daran tut, damit zu rechnen, dass es eintrifft. Er sagt nur einfach: Man kann es nicht wissen. Diesen Wissensbegriff hat das NLP übernommen.

$$\bullet \ \bullet \ \bullet \ \bullet\bullet \ \bullet \ \bullet \ \bullet \ \bullet$$

Kant und die idealistische Position

Der erkenntnistheoretische Idealismus bestreitet ebenfalls nicht die Möglichkeit, dass es so etwas gibt wie "gesichertes Wissen", er bestreitet nur, dass dieses Wissen aus der Erfahrung, aus der Wahrnehmung kommt. Für den erkenntnistheoretischen Idealismus ist die Quelle des gesicherten Wissens nicht die sinnesspezifische Erfahrung, sondern die Vernunft.

Ein wichtiger Vertreter des erkenntnistheoretischen Idealismus ist der Philosoph Immanuel Kant. Kant stimmte mit David Hume in der Ansicht überein, dass jede Erkenntnis mit der Erfahrung beginnt. Er stimmte auch mit den Empiristen darin überein, dass eine bewusstseinsunabhängige Welt existiert (ontologischer Realismus). Er bestritt nur, dass diese bewusstseinsunabhängige Welt so erkennbar ist, wie sie "wirklich" ist.

Humes Wissensbegriff geht letztlich davon aus, dass Erkenntnis entsteht, wenn das Subjekt vom Objekt beeinflusst wird.

Kant behauptet, dass das Gegenteil stimmt: Wir müssen uns das Objekt vom Subjekt beeinflusst vorstellen. Das Objekt, so wie wir es erkennen, ist geformt von der Erfahrungs- und Denkweise des Subjektes.

Alle Eindrücke nehmen die Form an, die wir ihnen geben. Daher wird nicht das Subjekt vom Objekt beeinflusst, sondern das Objekt wird vom Subjekt beeinflusst. Das, was unsere Erfahrung von der Welt ordnet, liegt in uns. Das kann man sich anhand der Brillenmetapher verdeutlichen: Wenn alle Menschen Brillen mit grünen Gläsern trügen und sie auch nicht abnehmen könnten, dann würden alle Menschen übereinstimmend sagen, die Welt sei grün.

Das war die kopernikanische Wende in der Philosophie. Das Problem wurde aus einem bis dahin grundsätzlich neuen Blickwinkel betrachtet: Das, was unsere Erfahrung so ordnet und strukturiert, dass diese Erfahrungen einem allgemeingültigen Prinzip zugeschrieben werden können, entspringt nicht den erfahrenen Dingen, sondern allein uns selbst. Kant nahm an, dass man niemals die Dinge an sich, sondern nur ihre Erscheinungen erkennen kann.

Unsere Sinnesempfindungen werden zwar durch die Einwirkung der "Dinge an sich" ausgelöst, aber zu Erkenntnis werden sie durch Anschauungsformen wie Raum und Zeit und durch ordnende Wirkung von Kategorien. Kant nahm an, dass jeder Mensch im Besitz der gleichen prinzipiellen "Formen" ist. Jede Erkenntnis muss deshalb bei allen Menschen von denselben Formen geformt sein. In diesem Sinne sind die Formen allgemeingültig und notwendig.

Kant glaubte, dass die Strukturen, nach denen Erfahrungen geordnet werden, angeboren sind und dass es daher eine notwendige und allgemeingültige Ordnung gibt, was die Erfahrung betrifft. Er hatte insofern recht, als dass er annahm, dass Menschen nicht direkt auf der Realität operieren, sondern auf einem von ihnen selbst geschaffenen Modell der Realität. Worin er allerdings (weitgehend) irrte, war die

Annahme, dass das Modellbildungsprinzip angeboren ist und daher bei allen Menschen zum gleichen Ergebnis führen muss.

· · · ● · ● · ● · · ·

Erkenntnistheorie und Orientierung

Erkenntnistheorien dienen der Orientierung in einer komplexen Umwelt. Jeder Organismus, also auch der menschliche, muss sich irgendwie in seiner Umgebung orientieren können. Im weitesten Sinne: Er muss etwas über seine Umgebung wissen, muss sie auf eine Weise erkennen können, die ihm ein Überleben in dieser Umgebung ermöglicht. Bevor er reagieren kann, muss er irgendeine Information über seine Umwelt haben. Wie er reagiert, hängt davon ab, wie er die Information, die er hat, einschätzt.

Kurzum, jeder Organismus, von der Amöbe über die Ratte bis zum Menschen, braucht eine Erkenntnistheorie. Die Anforderungen an eine Erkenntnistheorie sind im Detail für die Amöbe anders als beim Menschen, aber die Erkenntnistheorie der Amöbe hat grundsätzlich die gleiche Funktion wie die Erkenntnistheorie des Menschen.

Im Gegensatz zur Amöbe hat die Menschheit jedoch verschiedene Erkenntnistheorien hervorgebracht. Daher haben Menschen die Wahl zwischen verschiedenen Erkenntnistheorien und brauchen also ein Kriterium, das ihnen eine Entscheidung ermöglicht. Das gilt sowohl für die kollektive Ebene als auch für die individuelle. Das gilt besonders dann, wenn die bisherige Erkenntnistheorie, sei sie bewusst oder unbewusst, dem einzelnen Menschen nicht das Leben verschafft hat, das er möchte.

Zudem: Wenn es stimmt, was John Grinder schreibt, dass niemand keine Erkenntnistheorie haben kann, dann hat auch jede Therapieform eine Erkenntnistheorie. Diese Erkenntnistheorie wird durch die Art der Interventionen und die Diagnostik vermittelt. Da die neue, meist implizit vermittelte Erkenntnistheorie zu besseren Ergebnissen führen soll als die alte, die der Klient mitbrachte, stellt sich die Frage, was eigentlich eine funktionelle Erkenntnistheorie leisten soll und wie sie aussehen könnte.

Ein nützliches Kriterium für diese Entscheidung schlägt der Philosoph und Biologe Francisco Varela vor. Es ist das Kriterium der "Viabilität". Nach Varela gibt es keine "richtige" Erkenntnistheorie, aber "jeder gewählte Weg muss viabel sein (...)".[3] "Viabel" ist nach Varela eine Erkenntnistheorie dann, wenn sie handlungswirksam ist.

Also wenn auf der Basis dieser Erkenntnistheorie Handlungen geplant und ausgeführt werden, die mindestens das biologische (und soziale) Überleben des planenden Organismus ermöglichen. Eine Erkenntnistheorie ist demnach um so funktioneller, je mehr sie nicht nur das Überleben, sondern auch das Leben ermöglicht.

Eine Erkenntnistheorie muss nach Varela eine strukturelle Koppelung des jeweiligen Lebewesens an seine Umwelt ermöglichen, einen Handlungszusammenhang herstellen können, der der Art oder dem Individuum das Überleben in seiner Wahrnehmungswelt erlaubt. Eine strukturelle Koppelung ist dann gegeben, wenn der Organismus die von außen kommenden Stimuli verarbeiten kann, ohne dass ihn diese Stimuli zerstören.

Das gilt sowohl für das biologische als auch das soziale oder psychologische Überleben. Die internen Strukturen des Organismus bestimmen, ob ein Reiz verarbeitet werden kann und wie er verarbeitet wird oder ob er nicht verarbeitet werden kann.

Die von außen kommenden Reize rufen in dem Organismus eine Veränderung hervor. Aber wie sich der Organismus in Reaktion auf den Reiz verändert, das wird von seinen eigenen Strukturen determiniert. Wenn also eine psychische Struktur einen bestimmten Reiz verarbeiten kann, determiniert die psychische Struktur, welche Art von Veränderung dieser Reiz hervorruft. Wenn die Sprache eines Individuums Teil seiner psychischen Struktur ist, dann determiniert auch die Struktur der Sprache, wie welche Reize verarbeitet werden.

Es ist egal, ob ein Vogel im selben Sinne sieht, hört oder fühlt wie ein Mensch oder ob er in einer ganz anderen "Welt" lebt: Die Erkenntnistheorie der Vögel hat die Art befähigt, in einer mit anderen Arten geteilten Umwelt zu überleben. Insofern ist deren Erkenntnistheorie im Sinne Varelas "viabel".

Kognition ist unter diesem Gesichtspunkt: "Wirksames Handeln: die Geschichte der strukturellen Koppelung, die eine Welt hervorbringt bzw. erzeugt".[4] Kommunikation ist folglich eine Art, wirksam zu handeln. "Natürlich besteht in dieser Sicht die Tätigkeit der Kommunikation nicht in der Übertragung von Information vom Sender zum Empfänger, Kommunikation ist vielmehr zu verstehen als die wechselweise Gestaltung und Formung einer gemeinsamen Welt durch gemeinsames Handeln: Wir bringen unsere Welt in gemeinsamen Akten des Redens hervor".[5]

Wenn wir das Kriterium "Viabilität" akzeptieren, dann muss eine Erkenntnistheorie Modelle bereitstellen, die innerhalb der menschlichen Wahrnehmungswelt zu adäquaten Handlungen führen. Therapie lehrt dann im besten Falle eine Erkenntnistheorie, die diesen Ansprüchen genügt.

Eine solche Erkenntnistheorie muss sich an dem orientieren, was man über das Gehirn weiß, wenn man annimmt, dass kognitive Leistungen auf der Arbeit des Gehirns basieren. Ein strikter erkenntnistheoretischer Realismus entspricht dem zum Beispiel nicht, denn wir wissen heute, und wir können es durch empirische Forschung belegen, dass das Gehirn aus vielerlei Gründen nicht in der Lage ist, ein genaues Abbild der Realität, so wie sie "wirklich" ist, zu liefern.

Demnach würde ein strikter Realist die Informationen, die ihm sein Gehirn liefert, die Wahrnehmungsbilder, die Gedanken, Gefühle falsch einschätzen. Er würde glauben, dass er ein objektives Bild der Welt hat, hat er aber nicht. Folglich würde er keine adäquaten Handlungen planen und durchführen können, denn er könnte nicht in Rechnung stellen, dass es so etwas wie Sinnestäuschungen, Interpretationen, Vorwissen, das auf die Verarbeitung von Sinneseindrücken einwirkt, gibt.

Der Empirist, ein Anhänger Humes, würde nur seinen Sinnen, nicht aber seinem Denken vertrauen können. Er würde nicht erklären können, warum zwei Menschen eine Erfahrung verschieden wahrnehmen können. Auch er müsste die Ergebnisse moderner Hirnforschung ignorieren. Er würde daher die aktive Mitwirkung der Menschen bei der Gestaltung ihrer Erfahrung ignorieren. Er müsste die Erkenntnisse der Neurologie für falsch erklären, die diese aktive Mitwirkung längst bewiesen hat.

Auch ein strikter Idealismus kann nicht zu einer viablen Interaktion mit der Umwelt führen: Wenn man sich vorstellt, dass alles, was man über die Welt weiß, nur von einem selbst erschaffen wurde, ist die Welt eine eher unwirkliche Angelegenheit. Dann muss man sich nicht auf diese Welt fokussieren und sich in seinen Handlungsentwürfen nicht auf sie beziehen.

Wenn die Erfahrung von der Welt völlig von einem selbst erschaffen wird, ist die Welt eine eher fiktive Einheit, eher unwichtig. In einer solchen Welt kann man Daten beliebig manipulieren: Wenn das Objekt eh vom Subjekt erschaffen wird, dann kann man es quasi beliebig, den eigenen Wünschen gemäß erschaffen. Da man die Welt nie "an sich" erkennen kann, kann mit seinen Sinneseindrücken jeder machen was er will. Damit verlässt man dann aber die mit anderen geteilte Welt.

Die beiden Positionen, Realismus und Idealismus, die sich hier gegenüberstehen, führen, wie gezeigt, beide allein nicht zu einer viablen Erkenntnistheorie.

• • ● ● ● ● ● ● • •

Die analytische Philosophie

Gegen Ende des 19. Jahrhunderts und zu Beginn des 20. Jahrhunderts begann man zu untersuchen, ob die Modelle, nach denen die Sinneseindrücke geordnet werden, von den Sprachformen abhängen, die dazu verwendet werden. Die analytische Philosophie nahm mit Kant an, dass Erkenntnis vom Subjekt erschaffen wird, nahm aber nicht an, dass seine ordnenden Kategorien angeboren sind.

Die analytische Philosophie behauptet, dass unsere Sichtweise der Welt durch die sprachliche Brille bedingt ist. Das, was in uns "liegt" und in uns die Erfahrungen von der Welt ordnet, ist nicht angeboren, sondern über die Sprache erlernt. Miteinander zu sprechen, bedeutet also, sich darauf zu einigen, die Welt auf eine bestimmte Art und Weise wahrzunehmen.

Auf der Basis dieser Überlegungen wurde es sinnvoll, sich zu fragen, ob die Art und Weise, wie wir mit Hilfe von Sprache unsere Erfahrung von der Welt zu Modellen ordnen, vielleicht zu inadäquaten Modellen führt. Wenn die grüne Brille nicht angeboren ist, sondern durch den

Gebrauch von Sprache erlernt, dann ist es möglich, die Brille durch einen anderen Gebrauch von Sprache vielleicht anders zu färben oder gar zu wechseln oder abzusetzen.

Es ist dann wichtig, die Welt sinnesspezifisch konkret wahrzunehmen, es ist aber auch wichtig, den Anteil, den die sprachlichen Formen bei der Modellierung unseres Modelles von Welt spielen, zu untersuchen.

Die analytische Philosophie war der Auffassung, dass es nur zwei Wege zur Beantwortung von Fragen gibt: die Methoden der empirischen Wissenschaften und die Sprachanalyse. Damit integrierte sie die gegensätzlichen Positionen der Empiristen und der Idealisten in ein Modell.

Die Fragestellung der Sprachphilosophie zielte auf die Bestimmung der sprachlichen Bedingungen für die Möglichkeit des Denkens (Erkennens) und damit letztlich auch Handelns. Die frühe analytische Philosophie war dem logischen Empirismus eng verbunden.

Der logische Empirismus beschäftigte sich unter anderem mit der Frage, welche Sätze Erkenntnis erhalten und welche nicht. Es gibt Äußerungen wie Fragen, Urteile, Befehle, Worte, lyrische Äußerungen, diese sind aber keine Aussagen, die eine echte Erkenntnis enthalten. Diese Äußerungen können aber emotional sehr sinnvoll sein.

Der logische Empirismus fand zwei Bedingungen dafür, dass eine Aussage Erkenntnis enthalten kann:

1. Ein Satz muss wohlgeformt sein, das heißt, er muss grammatikalisch korrekt sein;

2. der Satz muss verifizierbar sein, das heißt, wir müssen die Aussage prinzipiell durch Beobachtung und hypothetisch-deduktive Forschung bestätigen können.

Damit entwickelte der logische Empirismus ein Sinnkriterium. Sätze, die diesem Sinnkriterium genügen wollen, müssen eine bestimmte sprachliche Form haben. Dieses Sinnkriterium wurde vom NLP übernommen. Im NLP heißt ein Satz oder eine Arbeit, die diesen Kriterien genügt, "wohlgeformt". Zielbestimmungen sind zum Beispiel "wohlgeformt", wenn sie sinnesspezifisch konkret und daher verifizierbar sind.

Dieser Empirismus hat seine Basis in der Sprache und beschäftigt sich primär mit methodologischen Problemen, das heißt mit der Frage, wie Erkenntnisse erhärtet werden und wie unsere Aussagen über die Wirklichkeit durch Konfrontation mit der Erfahrung verlässlicher oder fraglicher werden.

• • • ● ●• • ● • • •

Die kybernetische Sichtweise

Der Philosoph Alfred Korzybski und nach ihm die Kybernetiker schufen ein Modell, das die verschiedenen hier dargestellten Positionen integriert. Mit seiner Prämisse: "Jede Landkarte oder Sprache, die von maximaler Nützlichkeit sein soll, sollte in ihrer Struktur der Struktur der empirischen Welt ähnlich sein. Daher sollte aus dem Blickwinkel einer Theorie der Gesundheit jedes System oder jede Sprache in ihrer Struktur der Struktur unserem Nervensystem ähnlich sein".[6] Somit zeigte sich Korzybski bereits 1933 dem Kriterium der "strukturellen Koppelung" verpflichtet.

Dieses Modell geht davon aus, dass eine bewusstseinsunabhängige Welt existiert, basiert also auf einem ontologischen Realismus, nimmt aber an, dass diese Welt aber prinzipiell nicht "objektiv" erkennbar ist, sondern dass Menschen nur auf der Basis von Modellen der Welt ihre Handlungen planen können.

Diese Modelle werden unter anderem durch den Gebrauch von Sprache gebildet. Damit stellt sich die Frage, wie Modelle geschaffen werden, die optimal viabel sind. Diese Frage wurde von Korzybski teilweise im Sinne des logischen Empirismus beantwortet, nämlich: Modelle werden besser, wenn sie durch Erfahrung überprüft werden und sich dann herausstellt, ob sie funktionieren oder nicht.

Um Modelle überprüfbar zu machen, müssen sie so gebildet werden, dass sie überprüfbar und verifizierbar sind. Das erfordert eine Denkweise, die vor allem Beziehungen zwischen verschiedenen Sachverhalten beschreibt und nicht glaubt, dass es so etwas gibt wie isoliert voneinander bestehende Einzelsachverhalte.

Wenn man die Welt so wahrnimmt, dass die einzelnen Elemente miteinander in Beziehung stehen und miteinander wechselwirken, liegt der Fokus der Aufmerksamkeit eher auf der Art der Beziehung zwischen diesen Elementen als auf dem einzelnen Element. Das ist die Voraussetzung, um "systemisch" denken zu können.

NLP ist eine Weiterentwicklung des von Alfred Korzybski entwickelten "Neurolinguistischen Trainings". Das Neurolinguistische Training ist von Korzybski als Lernmodell für eine viable Erkenntnistheorie gedacht worden. Die Grundannahmen des NLT wurde vom NLP nicht sehr verändert, die wesentliche Weiterentwicklung sind die Techniken, die das Modell lern- und lehrbar machen.

● ● ● ● ● ● ● ● ● ●

Das ist die große Leistung der Neurolinguistischen Programmierer. Das Modell selbst jedoch war bekannt und zwar bis in Einzelheiten wie "Ankern" und "Prädikate" hinein, auch wenn diese Dinge im Ursprungsmodell einen anderen Namen hatten.

NLP ist also ein Modell, das Techniken bereitstellt, um eine viable Erkenntnistheorie zu lehren und zu lernen. Es ist eine Methode, um Veränderungen herbeizuführen; die Veränderungen sind jedoch nicht beliebig.

· · · ● · ● · · ·

1. Roth, 1995

2. Roth, 1995

3. Varela, 1990

4. Varela, 1990

5. Varela, 1990

6. Korzybski, 1933

ALFRED KORZYBSKI

132. Wir wollen in unserm Wissen vom Gebrauch der Sprache eine Ordnung herstellen: eine Ordnung zu einem bestimmten Zweck; eine von vielen möglichen Ordnungen; nicht die Ordnung. Wir werden zu diesem Zweck immer wieder Unterscheidungen hervorheben, die unsre gewöhnlichen Sprachformen leicht übersehen lassen. (Aus: Ludwig Wittgenstein, Philosophische Untersuchungen, § 132)

• • • ● • ● • • •

Wer war Alfred Graf Korzybski?

Alfred Graf Korzybski war Mathematiker, Ingenieur, einer der ersten analytischen Philosophen und ein anerkannter Sprachwissenschaftler. Er gilt als einer der ersten Kybernetiker, auch wenn der Begriff "Kybernetik" für seine Art zu denken damals noch nicht verwendet wurde.

Er schrieb 1933 sein Hauptwerk "Science and Sanity", in welchem er wesentliche sprachwissenschaftliche Erkenntnisse seiner Zeit, Ansichten der analytischen Philosophie sowie die damals bekannten biologischen, neurobiologischen und evolutionsbiologischen Kenntnisse zu einem therapeutischen Modell integrierte.

Auch wenn das Buch 1933 erschien und heute nicht mehr dem Stand der neurobiologischen Forschung entspricht, seine theoretischen Überlegungen stehen mit dem, was die moderne Hirnforschung an Erkenntnissen liefert, nicht im Widerspruch. Sein therapeutisches Konzept nannte er "Neurolinguistisches Training" und es ist das Vorläufermodell des heutigen "Neurolinguistischen Programmierens".

NLP verfügt über eine größere Anzahl von Techniken als das NLT, es hat mehr Interventionsmöglichkeiten, es hatte die Chance, von Virginia Satir, Fritz Perls und Milton H. Erickson zu lernen und profitierte von den Kenntnissen der Kognitionswissenschaft, besonders der kognitiven Linguistik. Die Erkenntnistheorie des NLP, die mit den

Techniken umgesetzt wird, wurde von Alfred Korzybski übernommen. Sein Neurolinguistisches Training basierte auf Überlegungen, die später zu den Präsuppositionen des NLP wurden.

• • • ● • ● • • •

Neurolinguistisches Training

Alle Wahrnehmungs- und Erkenntnisleistungen des Menschen dienen primär dem Überleben in einer biologischen und sozialen Umwelt. Das bedeutet nicht, dass der Mensch nicht auch Erkenntnisleistungen erbringen kann, die nicht dem primären Überleben dienen. Dies tut er aber erst, wenn das biologische und soziale Überleben gesichert ist.

Das Nervensystem und das Gehirn sind dazu da, dem Organismus die Informationen zu liefern, die er braucht, damit er sich in seiner biologischen und sozialen Umwelt wirkungsvoll orientieren und entsprechend verhalten kann. Das Gehirn integriert die von den Sinnesorganen gelieferten Daten zu Modellen. Auf der Basis dieser Modelle plant es Handlungen und befiehlt dem Nerven- und Muskelsystem, diese Handlungen auszuführen.

Korzybski ging von einer Parallelität von Mentalem und Neuronalem, also von einer Parallelität zwischen Hirnprozessen und kognitiven Prozessen aus. Alle kognitiven Leistungen basieren auf der Arbeitsweise des Gehirns. Es gibt kein "Denken", das unabhängig vom

Gehirn und Nervensystem möglich wäre. Jeder Form von "denken" oder "fühlen" liegen neuronale Prozesse zugrunde.

Heute (1995) können Neurologen nachweisen, dass mit dem Ausfall bestimmter Gehirnzentren auch bestimmte kognitive Fähigkeiten ausfallen. Korzybskis These von 1933 war also richtig. Korzybski behauptete auf der Basis der 1933 bekannten neurologischen Tatsachen, dass jeder Gedanke und jedes Gefühl eine neuronale Grundlage hat.

Er sagte aber nicht, dass sich Gedanken und Gefühle auf die neuronale Grundlage reduzieren lassen. "Körper" und "Geist", so Korzybski, kann man nur auf der Ebene von Begriffen trennen, also innerhalb der Sprache. Eine solche fiktive Trennung entspricht aber nicht den empirisch bekannten Tatsachen. "Körper" und "Geist" arbeiten tatsächlich zusammen und stehen in einer zyklischen Verbindung miteinander. Der Organismus arbeitet "als ganzes".

• • • • ● • ● • • •

Jeder "Gedanke" wirkt auf den "Körper" ein und der "Körper" auf die Art, wie und was man denkt. Also wird die Art der Modelle, die man zur Verfügung hat, von der Arbeitsweise des Gehirns und des Nervensystems bestimmt.

Das bedeutet: das Gehirn erkennt die Welt auf eine bestimmte Art und Weise, ist aber fähig, sich Erkenntnistheorien auszudenken, die dem nicht entsprechen, wie es tatsächlich arbeitet. Modelle der Welt, die sich das Gehirn zwar ausgedacht hat, die aber weder seiner eigenen Arbeitsweise noch der Struktur der empirisch bekannten Welt entsprechen, können nicht funktionieren.

Ein Modell, welches der Arbeitsweise des Gehirns nicht entspricht, ist die Vorstellung, man hätte ein "realistisches Abbild" der Welt zur Verfügung. Das Gehirn kann sich selbst, mit seinen eigenen Methoden darauf trainieren, inadäquate Modelle zu erstellen und zu benutzen. Es kann darauf trainiert werden, gegen sich selbst zu arbeiten. Genauso kann es darauf trainiert werden, Modelle zu bilden, die seiner eigenen Arbeitsweise entsprechen.

Das Gehirn erbringt die Wahrnehmungs- und Erkenntnisleistungen, die der Mensch braucht, um sich verlässlich in seiner Umwelt zu orientieren und überlebensförderndes Verhalten zu zeigen. Das Gehirn arbeitet dazu nicht mit einer direkten "Abbildung" der Realität, sondern mit Modellen oder "Landkarten". Nach allem, was man 1933 (und 1995) über Wahrnehmung sowie kognitive und präkognitive

Prozesse weiß, sind diese Modelle kein naturgetreues Abbild der Realität, "so wie sie wirklich ist".

Dazu ist das menschliche Nervensystem aus verschiedenen Gründen nicht in der Lage. Wenn das Gehirn keine direkte Abbildung der Realität liefern kann, ist es unsinnig, an der naiv-realistischen Vorstellung festzuhalten, man könne die Welt erkennen, wie sie "objektiv" oder "wirklich" ist.

Trotzdem nehmen die meisten Menschen, so Korzybski, häufig bewusst oder unbewusst an, dass das Gehirn ein treues Abbild der Realität produziert. Darüber hinaus empfindet man es subjektiv so, dass dieses Abbild, das das Gehirn liefert, mit der Welt "identisch" ist. Um zu wissen, welche Informationen das Gehirn tatsächlich liefern kann und um zu Modellen oder Vorstellungen der Welt zu kommen, die dem entsprechen, muss man das Gehirn und das Nervensystem empirisch untersuchen.

Zudem muss man nach Strukturen forschen, die die Arbeitsweise des Gehirns angemessen beschreiben. Drittens muss man sich selbst trainieren, solche mentalen Modelle zu bilden, die der Arbeitsweise des Gehirns entsprechen. Wenn das gelingt, so Korzybski, entsteht "Gesundheit", Gesundheit im physiologischen und psychologischen Sinne.

Alle Modelle, die der Mensch hat, sind konstruierte Modelle. Das Gehirn und das Nervensystem haben nicht die Fähigkeit und nicht die Aufgabe, ein getreues oder gar "identisches" Abbild der Realität zu liefern. Das Gehirn arbeitet mit internen Modellen oder "Landkarten" der Welt und der Handlungsplanung, gleichgültig, ob diese bewusst oder unbewusst sind. Wenn aber gilt, was unter Punkt 1) formuliert wurde, nämlich, dass Modelle primär dem Überleben dienen, dann können die vom Gehirn konstruierten Modelle nicht völlig willkürlich sein.

Jedes Modell muss sich in Wechselwirkung mit einer physikalischen, biologischen, sozialen Umwelt bewähren. Das heißt nichts anderes, als dass die Handlungen, die der Mensch auf der Basis seiner Modelle ausführt, seien sie bewusst oder unbewusst, ihm zumindest weiterhin das Überleben in dieser physikalischen, biologischen oder sozialen Umwelt ermöglichen müssen. Jedes Modell der Welt, das von Menschen gemacht wurde, ist an die Bedingungen menschlichen Denkens, Sprechens und Handelns gebunden.

Deshalb können die Modelle nicht willkürlich sein. Nicht jedes Modell ist gleich gut.

$$\bullet \, \bullet \, \bullet \, \bullet \, \bullet \, \bullet \, \bullet \, \bullet \, \bullet \, \bullet$$

Eigenschaften von (guten) Modellen

Korzybski erarbeitete eine Reihe von Merkmalen, die Modelle aufweisen müssen, damit sie funktionieren. Um diese Qualitätsmerkmale aufzuzeigen, verglich er Modelle mit Landkarten und illustrierte seine Vorstellungen von Modellen mit Hilfe der Landkartenmetapher.

Die Landkartenmetapher

Man stelle sich ein Gebiet vor, auf welchem drei Städte angeordnet sind, von Westen nach Osten: Paris, Dresden, Warschau.

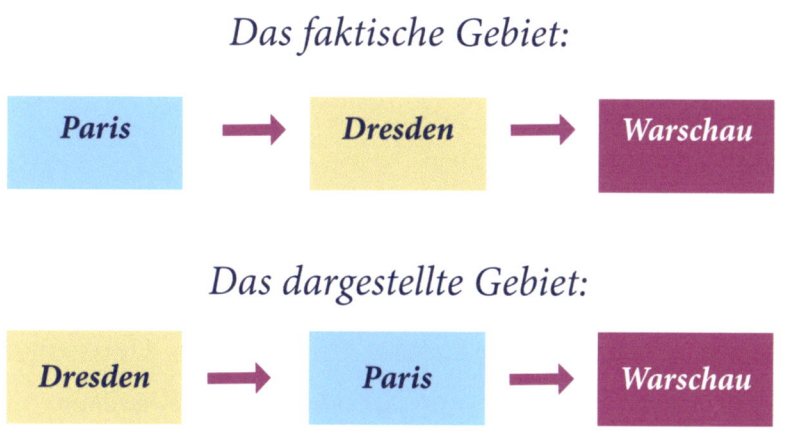

Abbildung 1: Der Unterschied zwischen Landkarte und Gebiet – und warum sie strukturell übereinstimmen müssen.

Würde dieser jemand eine solche Landkarte benutzen, würde er zweifellos bei einer Reise von Dresden nach Warschau einen immensen Umweg machen, die aufzuwendenden Mühen und Kosten wären größer als notwendig. Korzybski sagte, dass man von einer Landkarte, wie der in b) dargestellten sagen könne, sie wäre "nicht wahr", oder besser: sie habe eine Struktur, die in ihrer Struktur dem Gebiet nicht entspricht.

• • • ● • ● • • •

Was bedeutet es, dass die Struktur der Landkarte dem Gebiet entspricht?

Eine wesentliche Aufgabe unseres Gehirns ist es, Unterschiede zu erkennen. Menschen unterscheiden Objekte anhand von Eigenschaften, die sie normalerweise durch Adjektive bezeichnen. Alle Gegenstände und Ereignisse der Welt sind zwar absolut individuell, aber nie voneinander isoliert. Wenn man Gegenstände als Mitglieder (Elemente) einer Gruppe oder Menge gleichartiger Gegenstände oder Ereignisse wahrnimmt, findet man Eigenschaften, die nicht zu einem der Gegenstände gehören, sondern Eigenschaften der Gruppe oder der Menge sind.

Diese Art von Eigenschaften nennt man "Relationen" oder Beziehungen zwischen den einzelnen Gegenständen und Ereignissen.

Innerhalb einer Menge können die Elemente dieser Menge auf eine bestimmte Art und Weise geordnet sein. Ein solches Ordnungskriterium ist im Falle der Städte beispielsweise die Entfernung oder die Größe. Berlin liegt näher an Hamburg als an Rio. Berlin ist größer als Hamburg, und Hamburg ist größer als Oldenburg. Man kann also die Elemente einer Menge auf verschiedene Weise ordnen.

Die Reihenfolge oder die Beziehung der Elemente untereinander kann in den meisten Fällen empirisch beobachtet werden. Beispielsweise kann man die Entfernung zwischen Berlin und Rio messen und in einer bestimmten Notation (Kilometer, Meilen etc.) auch ausdrücken. Eine Sprache, die Beziehungen oder Strukturen beschreibt, ist fähig, die empirisch bekannten Fakten angemessen zu repräsentieren. Die Struktur unserer tatsächlichen Welt ist so, dass es unmöglich ist, einen Gegenstand, ein Ereignis oder einen Sachverhalt von einem anderen völlig zu isolieren. Alles, was existiert, steht in irgendeiner Beziehung zu allem anderen, und diese Beziehung lässt sich beobachten und beschreiben.

Um Strukturen beschreiben zu können, braucht man eine Sprache, eine zweite Struktur, mit deren Hilfe man die bekannten empirischen Daten sinnvoll ordnen kann. So wird die Beziehung "Entfernung" zwischen zwei Städten mit den Begriffen "Meter" oder "Kilometer" beschrieben. Nun kann man aber Beziehungen innerhalb einer Menge nicht sehen, bevor man keine zweite Struktur oder kein Konzept hat, um sie zu beschreiben. Gegebenheiten wie einzelne Städte kann man sehen, aber um die Beziehungen zwischen verschiedenen Städten erkennen zu können, muss man von den konkreten Daten abstrahieren und auf das gesehene Konzepte wie "Entfernung" anwenden.

Daher muss man erst eine neue Struktur entwickeln und dann testen, ob diese Struktur die tatsächlich vorhandenen empirischen Gegebenheiten angemessen ordnet und beschreibt. Aus diesem Grunde ist für Korzybski die Forschung und Erkenntnis neuer Strukturen, mit deren Hilfe man die empirisch bekannte Welt angemessen und nützlich interpretieren kann, Grundlage allen Wissens. "Wissen", so Korzybski, ist niemals Wissen darüber, wie das Gebiet wirklich ist, sondern nur die Erkenntnis neuer, gut funktionierender Strukturen. Alles menschliche Wissen ist daher ein Wissen über Strukturen.

Eine Landkarte kann also eine Struktur haben, die dem Gebiet ähnlich oder unähnlich ist.

Zwei gleiche Strukturen haben ähnliche bzw. ungefähr gleiche logische Eigenschaften. Wenn Dresden auf der Landkarte zwischen Paris und Warschau eingezeichnet ist, handelt es sich um eine korrekte Karte, weil Dresden auch auf dem tatsächlichen Territorium zwischen Paris und Warschau liegt. Das Ordnungsprinzip ist "Reihenfolge". In beiden Fällen, Landkarte und Gebiet, ist die Reihenfolge der Städte die gleiche. Die Elemente sind auf der Landkarte so angeordnet wie auf dem Gebiet. Die Landkarte korrespondiert mit dem Gebiet.

• • • • ● ◉ ● • • •

Die drei Städte müssen in der richtigen Reihenfolge (strukturell adäquat) abgebildet sein, damit die Landkarte als Landkarte ihren Dienst tut.

Damit ein Modell funktioniert, muss es, so Korzybski, dem, was es abbildet, strukturell ähnlich sein.

Das besagt der berühmte Landkartensatz. "Eine Landkarte ist nicht das Gebiet, das sie repräsentiert, aber wenn sie korrekt ist, ist sie in ihrer Struktur der Struktur des Gebietes gleich (oder ähnlich), worin ihre Brauchbarkeit begründet ist" (Korzybski 1933).

Also: Landkarten können nicht das Gebiet sein, das sie repräsentieren. Aber: Landkarten müssen dem Gebiet, das sie repräsentieren, strukturell ähnlich sein, um funktionelle Ergebnisse zu liefern.

Korzybski verwendet einen Repräsentationsbegriff aus der Mathematik, der "Repräsentation" als "strukturerhaltende Darstellung" definiert, "… die nicht unbedingt bildhaft sein muss; sie kann ‚abbildend' im mathematischen Sinne sein, muss aber eine ‚geregelte Korrespondenz' beinhalten".

Eine Landkarte "ist" nicht das Gebiet. Das bedeutet, sie ist nicht mit dem Gebiet *identisch*. Zwischen Landkarte und Gebiet besteht eine Differenz, ein Unterschied.

Die ideale Landkarte enthält die Karte, die Karte der Karte, die Karte der Karte der Karte. Eine konkrete Karte enthält die Abbildung der Städte und eine Legende, wie man die Karte benutzen kann, also eine Karte der Karte. Die Eigenschaft einer Karte, dass man diese Karte mit Hilfe derselben Karte beschreiben kann, nennt man selbstbezüglich oder selbstreferentiell, weil sich die Karte letztlich auf sich selbst bezieht.

Wenn eine Landkarte gut ist, kann sie überprüft werden. Wenn sie so gestaltet ist, dass man die Reihenfolge der drei Städte nicht anhand des Gebietes überprüfen kann, dann ist die Landkarte im Zweifelsfall nicht korrigierbar.

Sprache als Modell

Sprache ist eine Landkarte, ein Modell, und teilt die oben genannten Eigenschaften mit allen Modellen. Sprache ist nicht nur ein fertiges Modell, sondern auch ein Modellbildungsinstrument, mit dessen Hilfe neue Erfahrungen zu Modellen geordnet werden. Als Modell bringt es Strukturvorgaben mit, z.B. ist der korrekte Satzbau bereits eine Strukturvorgabe, die die Wahrnehmung der Welt in gewisser Hinsicht ordnet, nämlich in einen handelnden, aktiven Teil (Subjekt) und einen erleidenden, passiven Teil (Objekt). Je mehr man sich bewusst ist, welche Strukturvorgaben das Modell "Sprache" macht, desto eher kann man überprüfen, ob diese Strukturvorgaben der empirisch bekannten Welt entsprechen oder auch nicht.

Sprache hat Struktur, also kann sie eine ähnliche oder unähnliche Struktur haben, wie das Gebiet, das sie abbildet. Die Struktur einer Sprache kann "nicht-elementaristisch" sein, dann hat sie eine ähnliche Struktur. Oder sie kann "elementaristisch" sein, dann ist sie in ihrer Struktur dem Gebiet unähnlich. "Elementaristisch" ist eine Denkweise, die die Realität so wahrnimmt, als bestünde sie aus einfachen, isolierbaren Tatsachen.

Diese Denkweise nimmt an, dass Sprache aus einzelnen, isolierbaren Ausdrücken besteht, die diesen Fakten entspricht. In diesem Denk-Modell stehen Sprache und Realität in einem Eins-zu-eins-Verhältnis zueinander. Die Folge einer solchen Denkweise ist, dass die als isoliert voneinander wahrgenommenen und beschriebenen Tatsachen auch isoliert voneinander untersucht werden. Damit liegt der Fokus der Aufmerksamkeit auf der einzelnen Tatsache und nicht auf der Beziehung zwischen den Tatsachen.

Ein Beispiel: Man kann den Organismus begrifflich in zwei Teile zerlegen, in "Körper" und "Geist". Man kann daraufhin "Körper" und "Geist" so untersuchen, als hätten sie nichts miteinander zu tun und würden isoliert voneinander bestehen, als getrennt existierende und empirisch vorhandene Objekte. Die begriffliche Spaltung von "Körper" und "Geist" hat zu der Entwicklung einer Medizin geführt, die sich um den Körper kümmert, ohne den "Geist" oder die "Seele" zu beachten, und es entstand eine Psychologie, die die "Psyche", also die "Seele" im Gegensatz zum "Körper" (Soma) untersucht und behandelt.

Weitere begriffliche Trennungen, die keinen empirischen Tatsachen entsprechen sind: "Beobachter" und "Beobachtetes", "Sinne" und "Geist", "Denken" und "Fühlen".

Eine "nicht-elementaristische" Denkweise und Sprache spaltet Dinge, die zusammengehören, nicht begrifflich in scheinbar voneinander isolierbare Gegenstände auf. "Sinne" und "Geist", "Gefühle" und "Intellekt" sind keine voneinander isolierbaren Einzeltatsachen, sondern gehören zusammen. Korzybski ersetzte die oben genannten Begriffe durch den Begriff des "Organismus-als-ganzes" und sprach von "Körper" und Geist" immer nur in Anführungszeichen, um die fehlerhafte Struktur dieser Begriffe kenntlich zu machen.

Eine nicht-elementaristische Denkweise (heute würden wir von systemischem Denken sprechen) fokussiert auf die Beziehungen zwischen Sachverhalten und beschreibt diese Relationen mit Hilfe von Strukturmodellen. Eine nicht-elementaristische Denkweise behandelt einzelne Sachverhalte, Ereignisse oder Gegenstände nicht als isolierbare Tatsachen, die einzeln untersucht werden können.

Ein Anhänger dieser Denkweise beobachtet, was empirisch zusammengehört und beschreibt dann das, was zusammengehört, in nicht-elementaristischen Begriffen. Nicht-elementaristische Begriffe haben die Eigenschaft, etwas so zu beschreiben, dass man das Beschriebene sowohl "sehen", "hören", "fühlen" als auch darüber "nachdenken" kann. "Unterschiede" kann man sehen, man kann aber auch über Unterschiede nachdenken.

Die "Reihenfolge" von Dingen kann man sehen, man kann aber auch über Reihenfolge nachdenken. Ein psycho-physiologischer Zustand ist etwas, was man sehen, hören und fühlen kann, aber man kann auch darüber nachdenken. Dagegen kann man "Geist" oder "Intellekt" nicht sehen.

Man kann auch "Emotionen" an sich nicht sehen, sehen kann man nur Veränderungen der Hautfarbe, des Verhaltens usw. Korzybskis Kriterium für "nicht-elementaristisch" ist also, dass Dinge so beschrieben werden, dass die Richtigkeit der Beschreibung durch

Beobachtung überprüft werden kann. Alles andere führt nach Korzybski zu reinen Spekulationen mit Worten, einer Spekulation unabhängig von jeder Erfahrung. Eine solche Spekulation nannte er "pathologische Manifestation".

Die Struktur unserer Sprache muss der Arbeitsweise des Nervensystems entsprechen und der Struktur der empirischen Welt. Einerseits muss man also wissen, welche Art von Modellen das menschliche Nervensystem überhaupt herstellen kann und andererseits die empirische Welt kennen. Drittens muss man überprüfen, ob die mit Hilfe von Sprache gebildeten Modelle diesen Erkenntnissen entsprechen.

> "Jede Landkarte oder Sprache, die von maximaler Nützlichkeit sein soll, sollte in ihrer Struktur der Struktur der empirischen Welt ähnlich sein. Daher sollte aus dem Blickwinkel einer Theorie der Gesundheit jedes System oder jede Sprache in ihrer Struktur der Struktur unseres Nervensystems ähnlich sein."[1]

Wenn Menschen Sprachen benutzen, die eine Struktur haben, die der Struktur der Welt und der Art, wie unser Nervensystem arbeitet, nicht entspricht, dann können sie ihre verbalen Aussagen nicht empirisch überprüfen und verifizieren. Wenn Modelle nicht überprüft werden können, werden sie willkürlich und bewähren sich nicht. Ohne überprüfbare Modelle kann man nicht "rational" sein.

Wenn man keine Voraussagen machen kann, die überprüfbar sind, muss man durch ein verschwenderisches "Versuchs- und Irrtumsverhalten" herausfinden, was funktioniert und was nicht. Das haben die Menschen durch die ganze menschliche Geschichte hindurch getan. In der Wissenschaft wird man dann durch einen Mangel an Kreativität blockiert, es herrscht ein Mangel an Visionen und man wird durch Inkonsistenzen verstört.

Daraus folgt, dass man die Struktur der Sprache, die man verwendet, untersuchen und herausfinden muss, ob diese Sprache der Arbeitsweise unseres Nervensystems entspricht und ob mit Hilfe dieser Sprache überprüfbare und verifizierbare Aussagen möglich werden. Wenn man funktionelle Modelle haben will, muss man untersuchen, welche Art von Begriffen eine Aussage enthalten darf oder muss, damit sie eindeutig durch Beobachtung überprüfbar ist und welche Begriffe sie dann ebenso eindeutig nicht enthalten darf.

So wie die Landkarte nicht das Gebiet "ist", gilt auch, dass Worte nicht das "sind" was sie repräsentieren. Das bedeutet: Zwischen dem Wort und dem, was es repräsentiert, besteht ein beschreibbarer Unterschied. Beide sind nicht miteinander "identisch".

Sprache kann mit Hilfe von Sprache beschrieben werden.

Man kann Sprache benutzen, um über Sprache zu sprechen (man kann mit der Karte eine Karte der Karte erstellen). Sprache hat also selbstbezügliche Charakteristika. Die Linguistik benutzt Sprache, um die Sprache-Welt-Beziehung zu untersuchen. Für dieses Sprechen über Sprache ist es unbedingt erforderlich, stets zu unterscheiden, ob ein sprachlicher Gegenstand (ein Wort, ein Satz) benutzt oder erwähnt wird. Diese Unterscheidung wird dadurch unterstützt, dass man die untersuchte Sprache als Objektsprache, die bei der Untersuchung benutzte Sprache als Metasprache bezeichnet.

Wie in einer chemischen Aussage über eine Substanz nicht diese Substanz, sondern ein Zeichen für sie benutzt wird, wird in einer linguistischen Aussage über ein Wort nicht dieses Wort, sondern ein Zeichen für dieses Wort benutzt.

Wichtig ist die Unterscheidung zwischen Benutzung und Erwähnung eines Wortes. Je nachdem, ob ein Wort "benutzt" oder "erwähnt" wird, bedeutet es etwas Verschiedenes. Wenn man diese Unterscheidung nicht sehr sorgfältig vornimmt, verwickelt man sich in Paradoxien. Beispielsweise ist der Satz: "Brot ist ein Nahrungsmittel und ein Substantiv" unsinnig und zwar deshalb, weil in diesem Satz nicht unterschieden wird, ob das Wort "Brot" benutzt wird (Brot ist ein Nahrungsmittel) oder ob es "erwähnt" wird (der Begriff "Brot" ist ein Substantiv). Anders formuliert:

Es werden zwei verschiedene logische Ebenen in einem Satz gemischt. Die Aussage: "Der Begriff ‚Brot' ist ein Substantiv" gehört zur Karte der Karte, der Metasprache, der Satz: "Brot ist ein Nahrungsmittel" ist eine Karte. Es gilt also zu erkennen, dass Sprache selbstbezügliche

Eigenschaften hat und dass es daher wichtig ist zu wissen, dass Begriffe je nach der logischen Ebene, auf welcher sie gebraucht werden, verschiedene Bedeutungen haben können. Daraus folgt, dass diese verschiedenen Bedeutungen voneinander unterschieden werden müssen. Die beiden letzten Punkte werde ich ausführlich diskutieren.

• • • ● • ● • • ·

Semantische Reaktion

Wenn diese Bedeutungen nicht voneinander unterschieden werden, trainiert sich das Gehirn selbst darauf, inadäquate Modelle der Welt zu bilden. Wieso ist es dem Gehirn nun möglich, sich mit Hilfe von Sprache auf die Bildung adäquater oder inadäquater Modelle der Welt zu trainieren? Die Wechselwirkung zwischen Sprache, Gehirn und Körper erklärt Korzybski mit dem Begriff der "semantischen Reaktion".

Wie schon dargestellt, repräsentieren Worte nicht Gegenstände und Ereignisse, sondern durch ein menschliches Nervensystem wahrgenommene Gegenstände und Ereignisse. Das bedeutet, das Nervensystem hat auf einen Reiz der Außenwelt reagiert. Diese Reaktion nannte Korzybski eine "semantische Reaktion". Nun sind auch Wörter, Sätze, überhaupt alle Symbole, die man verwendet, Teil einer sozialen Umgebung. Auch diese Reaktion nennt Korzybski eine "semantische Reaktion".

Die "Semantische Reaktion" definiert Korzybski als die psychologische Reaktion eines bestimmten Individuums auf Wörter, Zeichen, Symbole im Zusammenhang mit der Bedeutung, die diese Wörter, Zeichen, Symbole für dieses Individuum haben. Wenn ein Symbol für einen Menschen irgend etwas "bedeutet", löst der Anblick dieses Symbols eine semantische Reaktion aus. Ein Stoppschild löst ebenso eine semantische Reaktion aus wie eine Beethoven-Symphonie.

"Ein Stimulus war gegenwärtig und eine Reaktion erfolgte, so dass wir per Definition von einer Reaktion sprechen sollten. Da der aktive Faktor in dem Stimulus die individuellen Bedeutungen der gegebenen Person waren und seine Reaktion für ihn Bedeutungen hatte als vorsprachlichen Effekt, müssen wir die Reaktion eine *semantische* Reaktion nennen".[2]

Die erlernte Bedeutung eines Stimulus löst also die Reaktion aus. "Semantische Reaktion" ist auch Bezeichnung für psycho-logische Reaktionen, für "Bedeutungen", die entstehen, wenn ein Individuum die Bedeutung von Wörtern oder Symbolen analysiert. Dann entstehen neue assoziative Verbindungen, die Korzybski ebenfalls als semantische Reaktionen bezeichnet.

"Bedeutung" meint alle Erfahrungen, Gefühle, Bilder, Töne, etc., die das Individuum mit einem Wort oder Symbol verbindet. Der Mensch sieht, hört und fühlt etwas und benennt dieses mit einem Wort oder

Symbol. Wenn er ein Wort hört oder liest, muss er sich seine Bedeutung zugänglich machen, indem er die Erfahrungen, Gefühle, Bilder, Töne erinnert, die er gewöhnlich mit diesem Wort verbindet.

Der Erwerb einer semantischen Reaktion stellt einen Konditionierungsvorgang dar. Ein Mensch wird von seiner Umgebung darauf konditioniert, ein Wort so und nicht anders zu "verstehen". Er wird ebenso konditioniert, auf bestimmte sinnliche und emotionale Erlebnisse im Zusammenhang mit einem bestimmten Wort zu reagieren und zwar weitgehend unbewusst und automatisch.

Auch alle affektiven Reaktionen auf Stimuli und Wörter, die Bedeutung haben, nennt Korzybski semantische Reaktionen.

Der Organismus funktioniert nach Korzybski "als ganzes". Die emotionalen und intellektuellen Bedeutungen eines Wortes oder Symboles sind untrennbar miteinander verbunden. Der ganze Organismus, also "Körper" und "Geist", zeigt eine semantische Reaktion auf ein Symbol oder ein anderes Zeichen, das für den Organismus bedeutsam ist. Bevor einem Signal eine "Bedeutung" zugeordnet werden kann, müssen Gehirn und Körper durch dieses Signal "getroffen", in einen Erregungszustand versetzt worden sein.

Die "Bedeutung" eines Wortes oder Symbols ist nicht "im Wort", nicht "im Signal", sondern entsteht im Individuum. Das Individuum fühlt irgend etwas, wenn es auf eine affektive und intellektuelle Weise auf das Symbol oder Zeichen reagiert. Nicht das Symbol transportiert die Bedeutung, das Gehirn und das Nervensystem des Individuums erzeugt die Reaktion und Bedeutung. Das Symbol ist nur ein Signal für das Nervensystem, das an und für sich gar nichts bedeutet. Das Individuum hat gelernt, so und nicht anders auf ein Symbol oder Zeichen zu reagieren.

Diese Reaktion ist jedoch nicht vollkommen beliebig. Wäre sie das, wäre es für Menschen nicht möglich, sich untereinander zu verständigen. Kulturen konditionieren ihre Mitglieder darauf, auf Wörter und Symbole in bestimmter Weise zu reagieren. Subkulturen haben ihre eigenen Symbole, die nur Mitglieder dieser Subkultur kennen. Kommunikation wäre nicht erklärbar und unberechenbar, wenn die Reaktion auf Symbole beliebig wäre. Innerhalb einer Kultur, Familie, Ehe konditionieren sich Menschen gegenseitig auf für den entsprechenden Kontext gültige Reaktionen.

Das ist die Basis für gegenseitiges "Verstehen". Kulturen bringen ihren Mitgliedern bei, Symbolen eine intersubjektiv ähnliche Bedeutung zuzuweisen, eine ähnliche semantische (bedeutungsgebende) Reaktion zu erzeugen. Was ein Individuum als "Bedeutung" eines Wortes erlebt, ist abhängig von Umgebung, Erziehung und von der Struktur seiner Sprache.

Semantische Reaktionen korrespondieren mit dazugehörigen psychologischen Zuständen. Wenn eine semantische Reaktion ausgelöst wurde, hat das einen bestimmten Zustand zur Folge. Der Begriff "semantische Reaktion" umfasst sowohl die Reaktion, als auch den entsprechend dazugehörigen psychologischen Zustand. Wenn ein

Ereignis die Aufmerksamkeit eines Individuums auf sich zieht oder Assoziationen weckt oder Ärger, Angst, Wut auslöst, spricht Korzybski von psychologischen Reaktionen als semantischen Reaktionen. Aus einem psychophysiologischen Zustand heraus entsteht ein bestimmtes Verhalten.

• • • ● ● ● ● • • •

Die semantischen Reaktionen, die erlernt worden sind, bestimmen letztlich das gezeigte Verhalten. Denn, wie schon gesagt, sie stoßen einen Verarbeitungsprozess an, an dessen Ende jemand handelt. Wenn nun die Strukturen unserer Sprache uns auf inadäquate semantische Reaktion konditionieren, ist das Verhalten entsprechend. Umgekehrt können neue Modelle und Begriffe auf neue semantische Reaktionen konditionieren. Das ist die Hoffnung, die Korzybskis Modell vermittelt.

Es ist also entscheidend, welche Denkweisen und Modelle wir benutzen, um unsere Erfahrungen von der Welt zu neuen Modellen zu ordnen. Eine bestimmte Denkweise schlägt sich im Gebrauch einer bestimmten Sprache nieder. Diese konditioniert über den Mechanismus der semantischen Reaktion auf die Denkweise.

• • • ● ● ● ● • • •

Die Aristotelische Logik und das Modell der Logischen Ebenen

Korzybski unterscheidet zwischen zwei verschiedenen Denkweisen oder Systementwürfen, mit deren Hilfe man die Erfahrung von der Welt zu Modellen ordnen kann. Diese sind die Aristotelische Logik und das Modell der logischen Ebenen, basierend auf der von Alfred North Whitehead und Bertrand Russell entwickelten "Theorie der logischen Typen". Das Modell der Aristotelischen Logik ist jahrtausendealt. Seine strukturellen Vorannahmen durchziehen unseren gesamten Lebenszusammenhang.

Dieses Modell hat sich in der Struktur der indo-europäischen Sprachen niedergeschlagen, besonders im Gebrauch des Verbes "sein". Nach Korzybski konditioniert die Aristotelische Logik und die mit ihr zusammenhängende Subjekt-Objekt-Sprache auf eine Art der Modellbildung, die der Arbeitsweise des menschlichen Nervensystems nicht entspricht und ebenso wenig der Struktur der empirisch bekannten Welt.

Das Modell fokussiert die Aufmerksamkeit auf Gleichheit, auf Ähnlichkeiten. Es verleitet zu der Annahme, es gäbe statische, immerwährend und kontextfrei gültige Definitionen, nämlich Antworten auf die Frage: "Was ist es?" Es betont den Inhalt. Die Kommunikation zwischen Menschen, die an dieses Modell glauben, ist starr und unflexibel.

Das Modell der Logischen Typen wurde Anfang dieses Jahrhunderts in der Principia Mathematica beschrieben. Korzybski argumentiert, dass das Modell der logischen Typen ein Modell ist, welches der empirisch bekannten Welt und der Arbeit des menschlichen Nervensystems am besten entspricht.

Dieses Modell fokussiert auf Unterschiede, auf die Wahrnehmung von Neuem und trainiert somit eine immerwährende Neuorientierung in der Realität. Es trainiert für die Suche nach Antworten auf die Frage: "Wie funktioniert etwas in einem bestimmten Kontext?" und betont die Orientierung auf den Prozess. Die Kommunikation auf der Basis dieses Modelles ist flexibel und kontextualisiert.

Menschen, die sich darauf trainieren, die verschiedenen logischen Ebenen zu unterscheiden, produzieren gesündere Modelle als diejenigen, die der Aristotelischen Logik folgen. Diese Theorie begründet Korzybski folgendermaßen:

"Gesundheit" entsteht, wenn die Struktur der Sprache, die man gebraucht, um Modelle zu bilden, der Struktur der Arbeitsweise des Nervensystems entspricht. Wenn das Nervensystem auf verschiedenen, voneinander unterscheidbaren Ebenen Sinneseindrücke zu einem Modell integriert, muss auch das Modell verschiedene, voneinander unterscheidbare Ebenen haben.

Folglich arbeitet ein Nervensystem, das durch falsches Training gezwungen wird, verschiedene Ebenen der Verarbeitung miteinander zu identifizieren, letztlich gegen sich selbst und bringt sich selbst in Verwirrung. Die Folge ist ein Zustand von Angst, Sorge und Fehlorientierung. Dieser Zustand kann nur aufgehoben werden, wenn Nervensystem und Gehirn mit Hilfe eines neuen Modells lernen, angemessenere Modelle zu bilden und dann besser funktionieren. Ein solches Modell ist die Theorie der logischen Typen. Diese beiden Modelle werde ich, den Ideen Korzybskis folgend, vorstellen.

Die Fragen, mit deren Hilfe Korzybski die beiden verschiedenen Modelle verglich, sind:

- Inwiefern entsprechen die Vorstellungen, die die Modelle suggerieren, der empirisch bekannten Welt?

- Inwiefern trainiert das Modell das Gehirn und das Nervensystem mit oder entgegen seiner eigenen Arbeitsweise, Modelle der Welt zu erstellen?

- Inwiefern werden durch diese Modelle flexible Kommunikationsformen gefördert?

Die Aristotelische Logik

Identifikation und Identität

Das Modell der Aristotelischen Logik durchzieht unseren gesamten kulturellen Zusammenhang. Es ist nach Korzybski ein unangemessenes Modell und dies hat zur Folge, dass zahlreiche einzelne Modelle, die von diesem großen Modell abgeleitet werden, ebenfalls unangemessen sind und nicht funktionieren. Dieser Zusammenhang ist jedoch weitgehend unbewusst und deshalb ist es äußerst nützlich, ihn zu kennen, damit man dann entsprechend besser funktionierende Modelle konstruieren kann. Es werden folgende Punkte untersucht:

Was bedeutet "Identität", inwiefern fördert die Vorstellung, es gäbe "Identität" den Vorgang der "Identifikation"? Warum ist dieser Vorgang eine unangemessene Form der Modellbildung?

Welche Formen der Identifikation werden am häufigsten verwendet? Wie sieht die Aristotelische Logik aus? Wie hat sie sich in unserer alltäglichen Sprache niedergeschlagen? Inwiefern trainiert dieses Modell die Vorstellung, es gäbe "Identität" und den Vorgang der "Identifikation"?

• • • ● • ● • • •

Was bedeutet "Identität"?

Ganz allgemein bedeutet "Identität" einfach "Übereinstimmung" oder "vollkommene Gleichheit". In der Logik ist im Unterschied zur Gleichheit ein Gegenstand mit sich selbst und nur mit sich selbst identisch, das gilt absolut. Als "identisch" werden in der Logik zwei Phänomene bezeichnet, wenn man sie mit Hilfe derselben Methode räumlich und zeitlich ineinander überführen oder ansonsten ihre Nichtunterscheidbarkeit demonstrieren kann.

Wenn man beispielsweise sagt: "Der Morgenstern ist der Abendstern", dann lässt sich nachweisen, dass die Begriffe "Morgenstern" und "Abendstern" sich auf ein und denselben Stern beziehen. Man kann die räumliche und zeitliche Ununterscheidbarkeit der Phänomene "Morgenstern" und "Abendstern" nachweisen, indem man die Bahnen beider Gestirne berechnet oder indem man dem Morgenstern mit einer Rakete hinterher fliegt und dann feststellt, dass beide "Sterne" in Wirklichkeit "ein Stern", nämlich der Planet Venus sind. "Identisch" im Sinne der Logik kann ein Gegenstand also nur mit sich selbst sein.

Zwei Dinge, die sich in ihren Eigenschaften völlig gleichen, sind deshalb noch nicht miteinander identisch. Beispiel: Zwei Fotos, die vom selben Negativ auf die gleiche Art und Weise (mit der gleichen Belichtungszeit etc.) abgezogen wurden, können sich in allen ihren

Eigenschaften gleichen. Sie sind aber nicht miteinander identisch, denn sie sind räumlich und zeitlich voneinander getrennt.

Der "Satz der Identität" ist ein Prinzip der klassischen Logik, das folgendes besagt: Jeder Gegenstand ist mit sich und nur mit sich identisch. Sind zwei Gegenstände identisch, so unterscheiden sie sich in keiner Hinsicht. Oder anders gesagt: Dasjenige ist als identisch anzusehen, was sich nicht durch irgendein Prädikat (irgendeine Eigenschaft) unterscheiden lässt.

Identifikation bedeutet in der Psychologie eine bewusste oder unbewusste Übernahme von Eigenschaften, Denk- und Verhaltensweisen anderer Personen in das eigene Ich durch Verinnerlichung. Identifikation bedeutet auch ein Sichgleichsetzen mit anderen Personen.

Korzybski verwendete "Identifikation" im Sinne von "Zwei Dinge einander gleichsetzen" oder "Zwei verschiedene Dinge als eines betrachten". Wenn man zwei Ereignisse miteinander identifiziert, setzt man sie einander gleich und nimmt an, sie würden sich in den meisten ihrer Eigenschaften, unter anderem also in ihrer Bedeutung, gleichen.

Insofern fördert die Vorstellung, es gäbe so etwas wie "Identität" ein mentales Verfahren, bei dem nach Ähnlichkeiten gesucht wird und zwei Dinge, zwei Ereignisse, zwei Menschen, zwei Vorgänge nach Ähnlichkeiten miteinander verglichen und am Ende miteinander "identifiziert", also gleichgesetzt werden.

Identifikation von Realität und Modell bedeutet dann, dass man bewusst oder unbewusst annimmt, Modell und Realität wären miteinander identisch und würden sich in allen ihren Eigenschaften gleichen.

Korzybski meint, dass uns die Annahme, es gäbe so etwas wie "Identität" lehrt, Modell und Realität miteinander zu identifizieren. Korzybskis gesamtes Modell basiert auf der Ablehnung dieser Vorstellung. Warum?

Die Zeit verläuft asymmetrisch, es ist niemals möglich, zu irgendeinem früheren Zeitpunkt zurückzukehren. Daher ist die Welt in einem permanenten Veränderungsprozess begriffen, der unwiederholbar ist und auch nicht stehen bleiben kann. In diesem Prozess geschehen ständig irgendwelche Veränderungen. Ein Zustand wie "Identität", der Gleichheit in allen Aspekten, besonders aber eine zeitliche und räumliche Gleichheit voraussetzt, ist daher eine Illusion oder höchstens eine Hilfsvorstellung.

In einer solchen Welt gibt es keine zwei Ereignisse, die miteinander identisch sind und es gibt auch keine zwei Individuen, die miteinander identisch sind und auch keine zwei Modelle von Welt, die miteinander identisch sind. Es kann natürlich sein, dass sich Ereignisse, Menschen oder Dinge in wesentlichen Eigenschaften gleichen, es kann sogar nützlich sein, dass man sie gleich behandelt, aber sie sind niemals miteinander identisch.

Wenn zwei Menschen nicht miteinander identisch sein können, können sie auch nie die gleiche Erfahrung von der Welt haben. Daher können die Worte, die diese Erfahrungen repräsentieren, auch nie für zwei Menschen das gleiche bedeuten. Ein Wort hat daher immer so viele Bedeutungen, wie es Menschen gibt, auch wenn sich diese Bedeutungen sehr ähnlich sein können und auch müssen, wenn sich zwei Menschen mit Hilfe von Sprache verständigen wollen. Die Identifikation eines Wortes mit seiner Bedeutung kann nur die Identifikation eines Wortes mit einer individuellen Bedeutung sein. Diese Form der Identifikation führt zu starrer und unflexibler Kommunikation.

Der Versuch, zwei Dinge einander gleichzusetzen, fokussiert die Aufmerksamkeit des menschlichen Gehirnes auf Ähnlichkeiten, es lässt Unterschiede zugunsten von Ähnlichkeiten weg. Da sich aber die Modelle der Welt anpassen müssen, um zu funktionieren und da die Welt sich ständig ändert, liegen die entscheidenden Änderungen gerade im Detail, im Unterschied.

Der mentale Versuch, Dinge miteinander zu identifizieren, führt dazu, dass diese Details weggelassen werden, damit die Gleichsetzung funktioniert. Das ist häufig nützlich – solange man sich bewusst ist, dass Details weggelassen wurden. Wenn man identifiziert, ist man sich dessen nicht bewusst und kann dann nicht verstehen, warum gerade das ausgelassene und übersehene Detail so wichtig wurde.

• • • ● ● ● ● • • •

Formen der Identifikation

Die wichtigsten Formen der Identifikation sind:

Die Identifikation eines Wortes mit dem was es repräsentiert. Hier gibt es zwei Varianten:

Erstens die Annahme, das, was man selbst mit einem Wort verbindet, wäre das, was alle mit diesem Wort verbinden. Das kann nicht sein, weil ein Wort allenfalls die individuelle Erfahrung von einem Gegenstand repräsentiert, nämlich das, was man von einem Gegenstand gesehen, gehört oder gefühlt hat. Eine etwas allgemeinere Form dieser Art von Identifikation ist die Identifikation von einem Symbol mit dem, was es (für einen selbst oder für andere) symbolisiert. Diese Form der Identifikation beschreibt heute Paul Watzlawick als die Verwechslung von Speisekarte und Essen. Beispielsweise beruht der Glaube, dass eine Fahne das Vaterland repräsentiert, auf einer solchen Form von Identifikation.

Die zweite wichtige Form ist die der Identifikation von Gefühl oder Idee und dem Wort, das dieses Gefühl oder diese Idee bezeichnet. Das führt dazu, dass man glaubt, das Gefühl existiere als objektiver Gegenstand, außerhalb der eigenen Wahrnehmung. Diese Form der Identifikation nannte Korzybski "Objektifikation", weil das Gefühl oder die Idee behandelt wird, als wäre es ein konkretes Objekt, das man haben und verkaufen kann.

Die Identifikation von mehreren Bedeutungen eines Wortes zu einer einzigen Bedeutung. Wörter bedeuten je nach Kontext, in dem sie gebraucht werden, etwas sehr Verschiedenes. Wenn man annimmt, dass Wörter nur eine einzige Bedeutung haben, betrachtet man den bedeutungsgebenden Kontext als nicht relevant. Das erschwert die Kommunikation ganz erheblich, weil man dann nicht auf die Idee kommt, jemand anderes könnte einen falsch verstehen.

Die Identifikation von Beschreibung und Schlussfolgerung. Hier nimmt man unbewusst an, dass wenn eine Beschreibung wahr ist, auch die Schlussfolgerung, die auf dieser Beschreibung basiert, ebenfalls wahr ist.

Beschreibung und Schlussfolgerung gelten ab miteinander identisch. Diese Form der Identifikation führt dazu, dass man alle Aussagen so behandelt, als wären sie verifizierbar oder falsifizierbar.

Die Identifikation von zwei Ereignissen zu einem Ereignis, von zwei Menschen zu einem Menschen, von zwei Symbolen zu einem Symbol usw. Bei dieser Form der Identifikation werden aus psychischen oder sonstigen Gründen sehr verschiedene Entitäten mental und/oder gefühlsmäßig einander gleichgesetzt und sie werden so behandelt, als wären sie gleich oder "identisch".

Die Identifikation eines Elementes mit der Klasse, zu der dieses Element gehört. Eine solche Identifikation bedeutet, dass man annimmt, dass die Elemente einer Klasse die gleichen Eigenschaften haben wie die Klasse, zu der sie gehören. Beispiel: Der Apfel ist eine

Frucht. "Früchte" haben andere Eigenschaften als Äpfel, daher können die Eigenschaften eines Apfels nicht identisch mit den Eigenschaften von Früchten im allgemeinen sein.

Eine solche Identifikation findet auch statt, wenn man annimmt, dass die individuelle Frau, die man geheiratet hat, die Eigenschaften haben muss, die im allgemeinen Frauen zugesprochen werden, nur weil sie Element der Klasse der Frauen ist. Man kann dann unangenehm überrascht werden.

Eine weitere Form von Identifikation nannte Korzybski: "Kopieren von neuronalen Reaktionen". Damit meinte er, dass man den psychophysiologischen Zustand eines anderen Menschen kopiert, sich also in den gleichen neuronalen Zustand versetzt. Diese Form der Identifikation wird in der Psychologie beschrieben. Man glaubt, dass man fühlt, was der andere fühlt und denkt, was der andere denkt. Nach Korzybski ist die Fähigkeit dazu, neuronale Zustände nachzuahmen oder zu "kopieren".

Voraussetzung dafür, dass Menschen voneinander lernen können. Heute nennen wir diesen Vorgang "modellieren" eines Menschen, indem wir seine Physiologie bei einer bestimmten (erfolgreichen) Tätigkeit nachvollziehen.

• • • ● • ● • • •

Korzybski sah diesen Mechanismus als gefährlich an, solange er unbewusst und unreflektiert angewendet wird. Ein Beispiel für eine unkritische Verwendung dieser Form der Identifikation ist die Identifikation mit einem Aggressor.

• • • • • • • • • • •

Identifikation als ständiges Verfahren

Nach Korzybski benutzen wir Identifikation als ständiges Verfahren, um unsere Erfahrung von der Welt zu Modellen zu ordnen. Das tun wir, weil die Aristotelische Logik uns darauf trainiert, an "Identität" zu glauben und dementsprechend das Verfahren der Identifikation permanent unbewusst anzuwenden.

Diese Logik durchzieht unsere gesamte Wahrnehmung von der Welt. Die Art, wie wir denken, ist grundsätzlich von den in dieser Logik formulierten Vorannahmen oder Sätzen geprägt. Sollten sich diese Vorannahmen als teilweise ungültig oder inadäquat erweisen, sind sehr viele Modelle, die auf der Basis dieser Vorannahmen gebildet wurden, nicht angemessen. Die wichtigsten Glaubenssätze dieser Logik sind:

• • • • • • • • • • •

1. Der Satz vom ausgeschlossenen Dritten: Eine Sache ist entweder wahr oder nicht wahr. Nichts kann zugleich sein und nicht sein.

2. Der Satz vom verbotenen Widerspruch: Es ist nicht möglich, dass kontradiktorische Sätze zusammen wahr sein können. Ein Gegenstand hat eine Eigenschaft oder er hat sie nicht. Es ist immer falsch, einem Gegenstand eine Eigenschaft sowohl zu als auch abzusprechen.

3. Der Satz der Identität: Jeder Gegenstand ist mit sich und nur mit sich identisch. Was immer ist, ist.

In allen drei Sätzen wird das Verb "sein" verwendet, um etwas darüber auszusagen, wie es "ist". In allen indo-europäischen Sprachen kann das Verb "sein" auf vier verschiedene Weisen verwendet werden, die zwar alle gleich klingen und auch gleich aussehen, die aber eine sehr verschiedene Bedeutung haben. Korzybski nannte das eine "Tragödie für die menschliche Rasse", weil die Trugschlüsse, die aus der Verwechslung dieser Formen resultieren, zu katastrophalen Ergebnissen führen.

•   •   •   ●   •   ●   •   ●   •   •

Das Denkmodell "Aristotelische Logik"

Das Denkmodell "Aristotelische Logik" hat sich nach Korzybski im Gebrauch des Verbes "sein" in unserer Alltagssprache niedergeschlagen:

1. Als Hilfsverb in dem Satz: Schmidt ist weggegangen. Diese Form interessiert hier nicht, weil sie mit der Aristotelischen Logik nichts zu tun hat.

2. Weiterhin wird das "ist" als "ist" der Prädikation gebraucht. Dies ist das "ist", welches wir benutzen, wenn wir Aussagen machen wie in: "Der Apfel ist rot" oder auch: "Der Apfel ist schön".

3. Mit der dritten Form des "ist" machen wir Existenzaussagen, wie z.B.: "Sokrates ist." Die Probleme, die mit dieser Art von Aussagen zusammenhängen, fallen in den Bereich der Ontotogie.

4. Die vierte Form ist: "Das ‚ist' der Identität" (wie Korzybski es nannte) wie in: "Der Apfel ist eine Frucht." Heute unterscheiden wir zwischen sortalen Aussagen wie in: "Der Apfel ist eine Frucht" und Identitätsaussagen wie in: "Der Morgenstern ist der Abendstern."

Da wir das Verb "sein" und die verschiedenen Formen des "Ist" täglich dutzendfach gebrauchen, können wir diesem Modell nicht entgehen. Wir können es nur reflektieren und uns der falschen Vorstellungen, die dieses Modell suggeriert, so bewusst werden, dass wir sie durch neue Vorstellungen mit der Zeit ersetzen. In den nächsten Abschnitten werde ich Korzybskis Kritik an den Sätzen des Aristoteles und den entsprechenden sprachlichen Strukturen darstellen. Dabei wird deutlich, wie und auf welche Form der Identifikation welcher Teil des Systems trainiert.

Der Satz vom ausgeschlossenen Dritten besagt: "Eine Aussage ist entweder wahr oder nicht wahr. "

Dieser Satz manifestiert sich, lt. Korzybski, in allen sprachlichen Äußerungen, die wir machen und in denen ein "ist" vorkommt. Wenn wir sagen: "Der Apfel ist rot", beanspruchen wir genauso, dass die Aussage wahr ist, wie wenn wir sagen: "Der Apfel ist eine Frucht" oder: "Der Apfel ist schön."

Die Vorannahme, auf der dieser Satz beruht, ist die Annahme, dass jeder Beobachter eines Ereignisses das gleiche sieht, hört oder fühlt. Das würde bedeuten, dass jeder Beobachter die gleichen Erfahrungen macht und jeder diese Erfahrungen auch auf die gleiche Weise repräsentieren und interpretieren muss, um zu gleichen Aussagen über ein gegebenes Ereignis zu kommen. Nur wenn man diese Voraussetzungen teilt, kann man annehmen, dass wirklich jede Aussage entscheidbar wahr oder falsch ist. Erstens stimmt es nicht, dass alle Beobachter eines Ereignisses tatsächlich das gleiche sehen, hören oder fühlen, oder dass ihnen das gleiche bewusst wird.

Zweitens, selbst wenn alle etwas sehr ähnliches gesehen, gehört oder gefühlt haben, dann gilt noch lange nicht, dass sie alle die gleichen Schlüsse daraus gezogen haben, dass sie die Eindrücke auf die gleiche Art interpretiert und verarbeitet haben. Korzybski hat mehrfach darauf hingewiesen, dass nie zwei verschiedene Nervensysteme das gleiche abstrahieren (verarbeiten). Wäre dem so, müssten diese zwei Nervensysteme miteinander identisch sein.

Man kann daher nie wissen, was jemand anderes sieht, hört oder fühlt, es sei denn, er teilt es einem mit. Bei einigen Aussagen ist es notwendig zu entscheiden, ob die Aussage intersubjektiv als "wahr" oder "falsch" angesehen werden muss. Damit stellt sich die Frage, welche Art von Aussagen überhaupt überprüfbar und damit intersubjektiv gültig sein können und welche nicht. Tatsächlich sind einige Aussagen unter bestimmten Bedingungen überprüfbar und andere sind es nicht. Es ist nicht richtig, dass alle Aussagen entweder wahr oder falsch sind. Einige Aussagen sind entweder wahr oder falsch, andere sind nicht entscheidbar.

Dieser Satz trainiert auf das unbewusste Verfahren, a) Schlussfolgerung und Beschreibung miteinander zu identifizieren und b) auf die unbewusste Vorannahme, dass alle menschlichen Nervensysteme "identisch" sind, weil angeblich alle das gleiche sehen, hören oder fühlen. Natürlich setzt die Fähigkeit, in eine mit anderen

Menschen geteilte Welt einzutreten voraus, dass mindestens auf der Ebene der Beschreibung ein gewisses Maß an Übereinstimmung hinsichtlich dessen besteht, was gesehen, gehört oder gefühlt wird. "Identität" zweier verschiedener Wahrnehmungen ist aber nicht erreichbar.

Die Annahme, dass dieser Satz zutrifft, kann zu einer extrem komplizierten Kommunikation führen. Erstens kann es zu Kämpfen über die Frage kommen, ob das, was ein anderer gesehen, gehört oder gefühlt hat, tatsächlich existiert. Wenn man tatsächlich von der Prämisse ausgeht, dass jeder Beobachter eines Ereignisses das gleiche sieht, hört oder fühlt, dann existiert unter Umständen nur das, was ich selbst bewusst weiß. Folglich ist der Rest der Menschheit entweder verrückt oder böswillig, wenn er etwas anderes gesehen, gehört oder gefühlt hat. Zweitens kann man sich auf der Ebene der Schlussfolgerungen darüber streiten, ob eine Bewertung oder Schlussfolgerung tatsächlich "wahr" ist.

· · ● ● ● ● · ·

50 Jahre nach Korzybski hat Fritz Simon untersucht, zu welchen Auswirkungen ein solcher Glaubenssatz in Familien führt: "Die eine Entwicklungsrichtung lässt sich exemplarisch und extrem in den Familien mit schizophrenen Patienten beobachten. Hier wird darum gekämpft, wie die objektive Realität nun ‚wirklich' aussieht und wer mit seiner Sichtweise ‚recht' hat. Die Entscheidung dieser Frage ist

stets mit einer Definition der Beziehung verbunden. Wer die ‚Wahrheit'
auf seiner Seite hat, kann – angesichts der Prämisse einer objektiven
Realität – daraus einen Machtanspruch ableiten. Er kann entscheiden,
was richtig und falsch, gut oder böse, wahr oder unwahr ist. (...)

> *Zu akzeptieren, dass die Frage nach der Wahrheit oder
> Unwahrheit bestimmter Aussagen unentscheidbar bzw.
> nicht ‚objektiv' zu klären ist, würde zur Entschärfung
> derartiger Konflikte bereits genügen. "*

*Der zweite Satz, der Satz vom verbotenen Widerspruch, besagt: "Ein
Gegenstand hat entweder eine Eigenschaft oder er hat sie nicht." Dieser
Satz hat sich besonders in einer sprachlichen Form manifestiert, die wir
das "ist" der Prädikation nennen, wie in: "Der Apfel ist rot" und: "Der
Apfel ist schön. "*

Er setzt den ersten Satz voraus und beruht ebenfalls auf falschen
Vorannahmen. Erstens gilt auch hier, dass angenommen wird, dass
jeder Beobachter eines Ereignisses das gleiche sieht, hört oder fühlt. Die
Vorannahme, dass ein Gegenstand (oder ein Mensch) eine Eigenschaft
hat oder nicht, lässt Ambivalenz keinen Raum. Die Medaille kann dann
nur eine Seite haben.

Zudem ist ein "Eigenschaftswort" ein Name für eine Empfindung,
ein Name für eine Reaktion unseres Nervensystems auf ein Ereignis
außerhalb dieses Nervensystems. Der Apfel ist nicht rot, sondern

das Gehirn hat einen Sinnesreiz verarbeitet und sprachlich als "rot" bezeichnet.

Diese sprachliche Form lehn die Identifikation eines Gegenstandes mit einer ihm zugesprochenen Eigenschaft. Die Subjekt-Prädikat-Sprache konditioniert auch auf ein Gefühl von Allwissenheit. Eine Beschreibung eines Objektes, eines Menschen, eines Prozesses kann nie vollständig sein.

Sie kann genau, angemessen, präzise, aber nie vollständig sein. Alles was ich über den Bleistift vor mir sagen werde, beschreibt den Bleistift, es ist nicht der Bleistift. Trotzdem suggeriert die sprachliche Form: "Der Bleistift ist rot" bereits das Gefühl, alles über den Bleistift zu wissen.

Da das Gefühl, alles zu wissen, den Fokus der Aufmerksamkeit von dem Objekt oder dem Prozess ablenkt, werden sehr wenige unterschiedliche Informationen aufgenommen. Die so gebildete Landkarte ist nicht reichhaltig und nicht detailliert und vielleicht fehlen gerade die entscheidenden Details.

Erst recht kann ein Gegenstand sehr wohl eine ihm zugesprochene Eigenschaft gleichzeitig haben und nicht haben, wenn es sich um eine Wertung handelt. Beispiel: "Die Blume ist schön". Diese Eigenschaft kann man aus verschiedenen Perspektiven einem Gegenstand wie "Blume" sehr wohl gleichzeitig zu- oder absprechen.

Die syntaktische Form von Subjekt-Prädikat-Aussagen suggeriert, dass wertende Eigenschaftswörter den gleichen Aussagewert haben wie beschreibende. Beispiel: "Die Kohle ist schwarz" und: "Die Kohle ist teuer." Das verführt dazu, Beschreibungen und Schlussfolgerungen miteinander zu identifizieren, weil man unbewusst annimmt, eine Schlussfolgerung oder Wertung würde dieselbe Art Informationen vermitteln wie eine Beschreibung.

Der "Satz der Identität": Dieser Satz kommt in sortalen und in Identitätsaussagen besonders zum Ausdruck.

Identitätsaussagen sind Aussagen, in denen dem "ist" ein singulärer Begriff vorausgeht und ein singulärer Begriff folgt. Der Satz: "Der Morgenstern ist der Abendstern" ist eine Identitätsaussage, weil sich die Begriffe "Morgenstern" und "Abendstern" auf den gleichen Referenzgegenstand beziehen, nämlich auf den Planeten Venus. Eine solche Aussage ist informativ, weil deutlich wird, dass zwei verschiedene Terme sich auf das gleiche beziehen.

Eine Identitätsaussage ist dann und nur dann wahr, wenn sich die Referenzobjekte der darin vorkommenden Begriffe in allen ihren Eigenschaften decken. Eine Identitätsaussage ist nur dann wahr, wenn sich zwei Begriffe auf das gleiche beziehen.

Mit sortalen Aussagen wird auf die Frage geantwortet: "Was ist etwas?" Die Antwort auf diese Frage ist eine Bestimmung der Identität dessen, worüber etwas ausgesagt wird. Was ist der Apfel – der Apfel ist eine Frucht. An erster Stelle in dem Satz, also an Subjekt-Position steht das, von dem bestimmt werden soll, was es ist (hier der Apfel), an zweiter Stelle der Begriff, mit dem die Art oder Sorte des Gegenstandes bestimmt wird.

Oder anders formuliert: an zweiter Stelle steht die Menge, deren Element der Gegenstand ist, der an erster Stelle steht. Die Bestimmung der Identität eines Gegenstandes erfolgt also über die Klasse, zu der er gehört. Dieses "ist" nannte Korzybski das "Ist der Identität". Ihm galt der Kern seiner Kritik am Aristotelischen System.

Der Grund wurde schon gesagt: Diese syntaktische Form leitet einen permanent und unbewusst an, ein Element einer Klasse mit der Klasse zu identifizieren. Klassen oder Mengen werden über Ähnlichkeiten konstituiert, sie können nur entstehen, indem in einem Abstraktionsprozess sehr viele Eigenschaften eines Elementes getilgt werden. Dieser Vorgang wird im Abschnitt über das Modell der logischen Typen genauer beschrieben.

Die Identifikation eines Elementes mit der Klasse, zu der dieses Element gehört, leitet einen dazu an, unbewusst anzunehmen, dass das Element die gleichen Eigenschaften hat, wie alle anderen Elemente der Klasse oder dass, wenn ein Element eine Eigenschaft hat, alle anderen Elemente der Klasse diese Eigenschaft auch haben.

Beispiel: Wenn alle Früchte die Eigenschaft haben, nahrhaft zu sein, kann der einzelne Apfel, der Element der Menge der Früchte ist, trotzdem verfault sein und nicht die Eigenschaft haben, nahrhaft zu sein. Wenn ein einzelner Apfel faul ist, haben deshalb noch lange nicht alle anderen Elemente der Menge der Früchte ebenfalls diese Eigenschaft. Diese Art der Identifikation führt zu einer permanenten Desorientierung.

Das wird deutlich, wenn man sich zahlreiche unglückselige Identifikationen wie: "Alle Ausländer sind Wirtschaftsflüchtlinge" ins Gedächtnis ruft. Erstens fokussiert diese syntaktische Form auf Ähnlichkeiten, statt auf Unterschiede. Man nimmt das wahr, was allen Elementen der Klasse gemeinsam ist, anstatt die Unterschiede. Zweitens fokussiert sie darauf, höhere logische Ebenen mit niedrigeren zu identifizieren.

Weiterhin greifen wir aus dem Strom der Eindrücke einige heraus und sagen: "Das ist ein Ball. Das ist ein Haus. Das ist ein Tier. Das ist Liebe. Das ist Freude." Auch dies sind im Grunde sortale Aussagen, da ein "etwas" identifiziert wird, indem es einer bestimmten Klasse als zugehörig bezeichnet und erkannt wird. Einerseits ist das Voraussetzung, um überhaupt etwas wiedererkennen zu können.

Das Prinzip der Identität lässt uns ein Objekt zu unterschiedlichen Zeitpunkten und in verschiedenen Räumen als ein und dieselbe Einheit (Entität) erkennen. Es hilft uns, aus dem Strom der Eindrücke, die in jeder Sekunde das menschliche Nervensystem treffen, wiedererkennbare Entitäten zu konstruieren.

Der Mensch muss, um sich in der Umgebung, die er als Welt erlebt, orientieren zu können, die äußeren Reize so verarbeiten, dass die diffuse Reizmenge in einzelne unveränderliche Objekte eingeteilt wird. Er muss sein Auto, seinen Chef, sein Haus, seine Frau, seinen Mann, seine Kinder wiedererkennen können. Andererseits suggeriert dieses "ist" die Identifikation von einem Eindruck, einem Erlebnis mit dem Wort, das dieses Erlebnis oder diesen Eindruck repräsentiert. Insofern werden wir täglich unbewusst darauf trainiert, das Wort mit dem was es bezeichnet zu identifizieren.

Über denselben Mechanismus bestimmen wir, was ein Begriff wirklich "ist". Wir definieren diesen Begriff kontextfrei und identifizieren so mehrere Bedeutungen eines Begriffes zu einer einzigen Bedeutung. Ein Begriff "ist" nie seine Definition. Schon die Annahme, man könne überhaupt eine kontextfreie Definition für die allermeisten unserer Begriffe finden, ist eine Illusion, die auf der Annahme beruht, der "Satz der Identität" sei immer und unter allen Umständen wahr.

Gerade bei Begriffen, die keine konkreten Objekte wie "Haus" oder "Baum" bezeichnen, nämlich wie "Glaube", "Liebe", "Hoffnung", ist diese Annahme falsch. Einige Entitäten sind Objekte, reale anfassbare Objekte. Andere Begriffe bezeichnen keine realen Objekte, und diese Begriffe lassen sich auch nicht kontextfrei definieren.

Für diese Art von Begriffen gilt der Satz der Identität nicht in der absoluten Form, wie ihn Aristoteles formuliert hat. Auch darauf wird im nächsten Kapitel noch näher eingegangen. Wenn man unbewusst annimmt, dass eine konstruierte Entität auch eine reale Entität ist, weil sie die gleiche sprachliche Form hat wie eine reale Entität, dann gerät man in Gefahr, seine Aufmerksamkeit auf die Lösung von Scheinproblemen zu verschwenden.

Man widmet sich solchen Fragen wie: "Was ist Hoffnung wirklich?" Unbewusst ist man in die Falle der Objektifikation geraten. Diese

Art der Definition, der kontextfreien Definition eines Begriffes, ist ein Ausdruck des Versuches, sehr viele verschiedene Bedeutungen eines Wortes zu einer einzigen Bedeutung zu reduzieren – eine Identifikation von mehreren Bedeutungen eines Wortes zu einer.

Die syntaktische Form von sortalen Aussagen lehrt, zwei verschiedene Dinge miteinander zu identifizieren. Das bedeutet, man nimmt an, dass zwei verschiedene Dinge in allen ihren Aspekten oder Eigenschaften miteinander übereinstimmen. Das "Ist der Identität" trainiert auf den Versuch, ungleiche, individuelle Ereignisse oder Sachverhalte miteinander zu identifizieren. Das ist eine Fehleinschätzung, diese beeinflusst aber zahlreiche Verhaltensweisen, weil man auf Ereignis oder Mensch A so reagiert, wie auf Ereignis oder Mensch B.

Man nimmt an, dass zwei Ereignisse das gleiche "sind", also reagiert man auf beide gleich. Tatsächlich sind aber alle Ereignisse in der Welt völlig einzigartig und unterschiedlich, so dass es so etwas wie "Identität zweier Ereignisse" oder "Identität zweier Menschen", "Identität zweier Symbole" nicht gibt.

Hilfsweise ist es nützlich, sich vorzustellen, dass einige Ereignisse einander ähneln, damit man nicht immer neu erfinden muss, wie man auf ein Ereignis von einem bestimmten Typ reagiert. Es wäre sogar völlig unmöglich, in irgendeinem Bereich ohne jede Routine auszukommen.

Das ist nur solange nützlich, wie es im Bewusstsein geschieht, dass ein Ereignis A immer ein isoliertes, einzelnes, unwiederholbares Ereignis ist und daher nie mit Ereignis B identisch, dass also

Ereignis B Eigenschaften hat, die Ereignis A nicht hat und dass diese Eigenschaften neue Reaktionen erforderlich machen können. Dieses ständige Bewusstsein fokussiert die Aufmerksamkeit auf Unterschiede, statt auf Ähnlichkeiten.

Das menschliche Nervensystem ist dazu da, in einer sich ständig wandelnden Welt funktionierende Modelle zu entwerfen. Damit es das tun kann, muss es ständig neue Informationen aufnehmen. Jede Form der Identifikation führt dazu, dass weniger Informationen aus der Umwelt aufgenommen und verarbeitet werden.

Jede Form der Identifikation bedeutet, dass die vorhandenen Modelle schlechter und weniger funktionell sind, als sie es sein könnten. "Identifikation" ist letztlich ein Aufmerksamkeitsproblem. Identifikation strukturiert die Eindrücke von der Welt auf eine Weise, die der realen empirischen Welt nicht entspricht. Die reale Welt wandelt sich ständig, in ihr ist nichts mit sich selbst vollkommen identisch.

Die Vorstellung, es gäbe so etwas wie "Identität", lässt einen nach etwas suchen, was es in der realen Welt nicht gibt. In den vorangegangenen Abschnitten habe ich gezeigt, dass Korzybskis Modell die Aristotelische Logik für die falsche Vorstellung der Identität und damit für die verfehlte mentale Operation der "Identifikation" verantwortlich macht.

$$\cdot \ \cdot \ \cdot \ \bullet \ \cdot \ \bullet \ \cdot \ \cdot \ \cdot$$

Die Aristotelische Logik ist demnach ein Strukturmodell, das keine funktionellen "Landkarten" liefern kann und uns lehrt, in zahlreichen Situationen auf der Basis fehlerhafter Landkarten zu operieren.

• • • ● • ● • • •

Die Theorie der logischen Typen

Das Alternativmodell zum System der Aristotelischen Logik sah Korzybski in dem mathematischen Modell der logischen Typen. Es ist ein Modell, das der Arbeitsweise des menschlichen Nervensystems näher kommt als das Aristotelische Modell. Es lehrt nicht Identifikation, sondern das ständige Wissen, dass die Landkarte nicht das Gebiet ist, dass ein Wort nicht mit dem identisch ist, was es repräsentiert, dass ein Ereignis A nicht identisch ist mit Ereignis B. Weil es in "Nicht-Identität" trainiert, fokussiert es die Aufmerksamkeit ständig neu auf das jeweilige "Gebiet" und ermöglicht so, dass immer wieder neue und adäquatere Modelle gebildet werden. Da verschiedene Bedeutungen eines Begriffes nicht zu einer einzigen identifiziert werden, wird die Kommunikation flexibel.

Dieses Modell ermöglicht aus drei Gründen die Bildung besserer und funktionellerer Einzelmodelle als das Modell der Aristotelischen Logik. Diese werde ich im folgenden einzeln darstellen und hier kurz zusammenfassen:

- Das Nervensystem verarbeitet sinnesspezifische Informationen in hierarchischen Stufen. Das Modell der logischen Typen sieht ebenfalls eine hierarchische Stufung von Mengen, Mengen von Mengen, etc. vor. Die Arbeit des menschlichen Nervensystems und dieses Modell entsprechen einander strukturell. Damit erfüllt das Modell der logischen Typen das Kriterium, dass nützliche Modelle der Arbeitsweise des menschlichen Nervensystems entsprechen müssen.

- Die menschliche Sprache hat Eigenschaften, die mit Hilfe dieses Modelles beschrieben werden können. Da die Sprache unser wichtigstes Modellbildungsinstrument ist, führt der unreflektierte Gebrauch dieses Instrumentes zu inadäquaten Modellen.

- Die Realität ist nicht statisch und befindet sich in einem ständigen Wandlungsprozess. Das ständige Bewusstsein, dass Landkarte und Gebiet nicht miteinander identisch sind, stellt einen Reiz dar, der die Aufmerksamkeit auf den Prozess fokussiert. Eine Sprache, die diesen Prozess beschreibt, antwortet auf die Frage: "Wie funktioniert etwas?" anstelle: "Was ist es?" Das Modell der logischen Ebenen ermöglicht es, aufzuzeigen, dass in den allermeisten Fällen eine kontextfreie Antwort auf die Frage: "Was ist es?" nicht gegeben werden kann und dass daher die Frage nach dem "Wie" funktioneller für die Bildung nützlicher Landkarten ist.

Das Modell der logischen Ebenen entspricht in allen Punkten den Kriterien, die für gute Landkarten in den vorangegangenen Abschnitten entwickelt wurden.

· · · ● · ● · · ·

Das Modell

Die Theorie der Typen unterscheidet zwischen Individuen, die keine Mengen sind, Mengen von Individuen, Mengen von Mengen von Individuen usf. Jede Menge enthält nur Objekte eines Typs und ist immer von höherem Typ als ihre Elemente. Die Menge der Individuen schließt die Individuen ein, die Menge der Menge von Individuen schließt die Menge der Individuen und die Individuen ein usw. Eine Menge muss stets auf einer höheren Stufe stehen als die Elemente oder Objekte, die in der Menge enthalten sind. Das gleiche gilt für Aussagen: eine Aussage über eine Aussage ist von einem höheren logischen Typus ab die Aussage.

Mengen

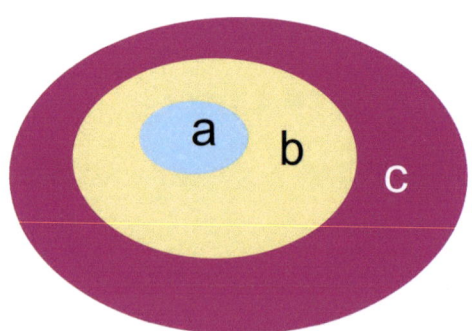

Abbildung 2: Mengen. a = Menge der Individuen, b = Menge der Mengen, c = Menge der Mengen der Mengen.

Wichtig ist, dass innerhalb dieses Modells jede höhere Ebene die tiefere Ebene einschließt. Die tiefere Ebene ist die Voraussetzung dafür, dass die nächsthöhere Ebene entstehen kann. Diese Überlegung ist sehr wichtig, wenn man sie auf die Arbeit des menschlichen Nervensystems anwendet.

Dass etwas gesehen, gehört oder gefühlt wurde, ist Voraussetzung dafür dass es auch interpretiert werden kann. Es wäre nach diesem Modell falsch, die höhere Ebene, z.B. eine Interpretation, zur Voraussetzung für die tiefere Ebene zu machen, also das, was gesehen, gehört oder gefühlt wird. Wenn dies geschieht, kommt es nach Korzybski zu dem, was man "Halluzinationen" nennt.

Eine Menge darf nicht Element ihrer selbst sein, sonst kommt es zu Paradoxien. Die Menge der Äpfel darf sich nicht selbst als Element enthalten. Wenn man diese Theorie auf Aussagen anwendet, bedeutet das: Eine Aussage darf sich nie selbst einschließen. Beispiel: Wenn ich sage: "Alle Aussagen sind wahr oder falsch" dann mache ich eine Aussage, die sich auf eine Menge von Aussagen bezieht. Die Aussage: "Alle Aussagen sind entweder wahr oder falsch" enthält sich selbst als Element der Menge aller Aussagen, denn da sie selbst eine Aussage ist, ist sie entweder "wahr" oder "falsch".

Da es aber eine Aussage *über* eine Menge von Aussagen ist, darf sie sich nicht selbst als Element enthalten. Um dieser Art von Paradoxien zu entgehen, muss der Gegenstandsbereich, auf den sich eine Aussage bezieht, eingegrcnzt werden. Beispiel: "Alle Aussagen, die sich auf das

menschliche Nervensystem beziehen, sind entweder wahr oder falsch."
Die Aussage über die Aussage enthält sich in diesem Beispiel nicht mehr
selbst.

Der Arbeit des menschlichen Nervensystems entspricht eher das
Strukturmodell, das in der Typentheorie formuliert wurde, als das
Modell der Aristotelischen Logik. Warum das so ist, legte Korzybski
in einem weiteren Modell dar, das er die verschiedenen Ebenen der
Verarbeitung nannte.

$$\bullet \; \bullet \; \bullet \; \bullet \; \bullet \; \bullet \; \bullet \; \bullet \; \bullet \; \bullet$$

Die verschiedenen Ebenen der Verarbeitung

Das Modell der verschiedenen Ebenen der Verarbeitung entspricht
seinem hierarchischen Aufbau der Arbeitsweise des menschlichen
Nervensystems und Gehirns. Die Verarbeitung von Sinneseindrücken,
die über die Sinnesorgane vermittelt werden, erfolgt nach Korzybski in
einem mehrstufigen, hierarchischen Prozess.

Die Sinnesrezeptoren empfangen "Reize" aus der Umwelt. Es
liegen dem Nervensystem dann sensorische Elementarereignisse vor,
die an sich noch keinerlei "Bedeutung" haben. Sie werden dann
durch unbewusst ablaufende Prozesse zu einfachen und schließlich
komplexen Wahrnehmungsinhalten zusammengefügt. Auf der Ebene
des Thalamus werden Sinneseindrücke gefiltert und affektiv eingefärbt.

Nur Sinneseindrücke, die diesen Filter passieren, erreichen den Neocortex und können bewusst werden. Daher nennt man den Thalamus auch "das Tor zum Bewusstsein". Sitz der höchsten kognitiven Leistungen ist der Cortex, der fähig ist, die Sinneseindrücke wiederzuerkennen und dann komplexen abstrakten Symbolen zuzuordnen.

Beispielsweise endet die Sehbahn in der primären Sehrinde. In einem zweiten Schritt werden in den visuellen Assoziationsgebieten diese Bilder weiterverarbeitet und mit früheren optischen Eindrücken verglichen, so dass das Gesehene nicht nur wahrgenommen ("großer Mann mit Schnurrbart und weißem Kittel"), sondern auch identifiziert werden kann ("Chefarzt Dr. Klein"). In dem entsprechenden Areal liegt auch das Lesezentrum.

Sinneseindrücke werden also über ein mehrstufiges, hierarchisches Modell verarbeitet, vom Umweltreiz bis hin zu abstrakten Symbolen. In diesem hierarchischen Modell ist jede Ebene die Voraussetzung für die nächste und damit schließt die nächste immer die vorangegangene ein. Die Verarbeitung geschieht in einer festgelegten Reihenfolge mit endlicher Geschwindigkeit. Das Ergebnis eines Verarbeitungsschrittes ist nie mit dem folgenden Ergebnis identisch.

Das wahrgenommene Bild des Chefarztes "ist" nicht der Chefarzt. Die Bezeichnung "ist" nicht das Bild. Die Verarbeitung erfolgt vom konkreten zum allgemeinen, dabei werden immer mehr Details weggelassen, so wie auch eine Menge (z.B. die Menge der Früchte) nur gebildet werden kann, indem von sehr vielen Details der einzelnen Früchte (Bananen, Weintrauben, Äpfel) abstrahiert wird.

Die Verarbeitungshierarchie von Sinneseindrücken zu abstrakten Symbolen kann man sich als eine Stimulus-Response-Kette vorstellen. In dieser Kette ist jeder Stimulus Voraussetzung für eine Reaktion und diese Reaktion ist dann der Stimulus für die nächste Reaktion. Signale werden im Nervensystem mit einer sehr hohen, prinzipiell aber endlichen Geschwindigkeit weitergeleitet.

Das heißt, zwischen jeder Verarbeitungsstufe besteht ein zeitlicher und ein räumlicher Unterschied. Der Unterschied ist insofern räumlich, weil nach Korzybski die verschiedenen Verarbeitungsstufen an verschiedenen Orten im Gehirn bzw. Nervensystem zu lokalisieren sind und zeitlich, weil ein Reiz mit einer endlichen (wenn auch sehr hohen) Geschwindigkeit von einem zum anderen Ort weitergeleitet wird.

$$\bullet \ \bullet \ \bullet \ \bullet \ \bullet \ \bullet \ \bullet \ \bullet \ \bullet \ \bullet$$

Diese verschiedenen Verarbeitungsebenen vereinfachte Korzybski zu dem folgenden Modell:

Vor jeder Wahrnehmung durch das menschliche Nervensystem existiert das Ereignis "außerhalb der Haut", das wissenschaftliche Objekt oder, wie Korzybski es nannte, die submikroskopische Ebene. (Der Bleistift außerhalb des menschlichen Wahrnehmungsvermögens, oder der reale Bleistift.)

Die erste Verarbeitungsebene entsteht, indem das Nervensystem auf externale Stimuli reagiert. Die Reaktion auf externale Stimuli erfolgt mit Hilfe der niedrigeren Nervenzentren. Das Nervensystem reagiert auf einen Reiz oder eine Menge von Reizen (Wahrnehmung des Bleistiftes).

Die zweite Ebene ist das psycho-logische Bild des Objektes, das von höheren Nervenzentren produziert wird. Diese Ebene nannte Korzybski auch die "objektive Ebene", weil das Nervensystem durch Integration und Verarbeitung einer Summe von Reizen "Objekte" produziert hat. Es hat die Objekte so erschaffen, wie man "Objekte" gewöhnlich wahrnimmt (als Bleistift erkanntes Bild des Bleistiftes).

Die zweite Ebene der Verarbeitung beinhaltet für Korzybski das Erlebnis des Ereignisses, die Wahrnehmung des normalen Objekts (so wie man es täglich erlebt), objektive Aktionen, Prozesse, unmittelbare Gefühle, "Instinkte", "Ideen".

Die erste und zweite Ebene repräsentieren nach Korzybski die vorsprachliche Ebene und können daher nicht mit den Worten, die die Erfahrung dieser Ebenen bezeichnen, identisch sein.

Die dritte Ebene der Verarbeitung ist die, in welcher Begriffe für das Objekt gefunden werden. Diese Ebene enthält auch die verbale Definition des Begriffes, (die Bezeichnung "Bleistift" für den erkannten Bleistift).

Weitere Ebenen folgen, auf denen Schlussfolgerungen gezogen werden. Diese führen irgendwann zu einem Handlungsentwurf und schließlich zu einer Handlung. Das bedeutet, dass jeder Mensch nie direkt auf der Realität operiert, sondern immer auf einem Modell der Realität.

Wie hier gezeigt wurde, entspricht das Modell der logischen Ebenen strukturell der Arbeitsweise des menschlichen Nervensystems.

Korzybski hat dargelegt, dass die menschliche Sprache Eigenschaften hat, die sich mit Hilfe dieses Modelles so beschreiben lassen, dass Paradoxien und Verwirrungen, die aus einem unreflektierten Gebrauch dieses Instrumentes entstehen, vermieden werden können.

· · · ● · ● · ● · · ·

Die verbalen Ebenen

Aus dem, was über die verschiedenen Ebenen der Verarbeitung gesagt wurde, folgt, dass man die Ebene des Namens oder des "Begriffes" auch die beschreibende Ebene nennen kann. Jede Aussage über einen Gegenstand ist dann eine schlussfolgernde Aussage.

Daher ist eine Aussage über eine beschreibende Aussage eine Aussage höherer Ordnung. Korzybski nannte eine Aussage über eine Aussage eine Schlussfolgerung.

Wenn man die beschreibende Aussage eine Abstraktion l. Ordnung nennt, ist die Aussage über eine Aussage eine Abstraktion 2. Ordnung.

Sowie diese Aussage produziert worden ist, stellt sie einen Stimulus für eine neue Abstraktion dar, eine Abstraktion 3. Ordnung. Auch aus einer Schlussfolgerung kann man eine erneute Schlussfolgerung ziehen. Jede Schlussfolgerung ist abstrakter und weiter weg vom realen Objekt "Vogel" und dem ursprünglichen Erlebnis mit diesem Vogel. Eine Abstraktion höherer Ordnung, also n+1. Ordnung, ist die Reaktion auf einen Stimulus der n-ten Ordnung.

Auch die verbalen Ebenen sind nach einer bestimmten Hierarchie angeordnet. Die beschreibende Ebene ist Voraussetzung für die schlussfolgernde Ebene, die erste Schlussfolgerung die Voraussetzung für die nächste usw.

Daher sind schlussfolgernde Begriffe wesentlich abstrakter als beschreibende Begriffe. Schlussfolgernde Begriffe sind eine Aussage über Beschreibungen. Schlussfolgernde Begriffe sagen etwas über beschreibende Begriffe aus, aber nicht über etwas, was man sehen, hören oder fühlen kann. Beschreibende Begriffe sind Aussagen über etwas, was man sehen, hören oder fühlen kann. Um dieses Problem zu verdeutlichen, beschrieb Korzybski, wie Begriffe durch Abstraktionen gebildet werden.

$$\cdot \cdot \bullet \bullet \bullet \bullet \bullet \cdot \cdot$$

Begriffe und Abstraktion

Bei jedem Verarbeitungsschritt des Nervensystems werden immer mehr Eigenschaften des ursprünglichen Objektes, Ereignisses oder Sachverhaltes weggelassen. Sie werden in der nächsthöheren Ebene nicht mehr repräsentiert. Daher sind die Informationen umso reichhaltiger, je tiefer die Verarbeitungsebene ist. Je sinnesspezifisch-konkreter die Beschreibung, desto mehr Informationen enthält sie.

Verdeutlicht am Beispiel des Bleistiftes:

Das Ereignis "Bleistift außerhalb der Haut" ist auf der submikroskopischen Ebene ein verrückter Tanz von Elektronen, der auf jeder Betrachtungsebene ganz verschieden ist, der sich niemals selbst wiederholt, von dem man weiß, dass er aus einem extrem komplexen dynamischen Prozess einer sehr feinen Struktur besteht, der mit dem Rest des Universums wechselwirkt, untrennbar verbunden mit allem anderen auf der Welt ist und von allem anderen abhängig. Wenn man sich fragt, wie viele Eigenschaften ein solcher Prozess hat, muss man sagen: unendlich viele, weil es sich um einen Prozess handelt, der nie endet und der sich auch nie selbst wiederholt.

Das von den niedrigeren Nervenzentren durch Integration von Daten produzierte "Objekt", der wahrgenommene "Bleistift", hat eine endliche Anzahl von Eigenschaften. Diese Anzahl von Eigenschaften ist sehr groß, aber, um es nochmals zu betonen, endlich. Das bedeutet: Beim Übergang von einer Ebene zur nächsten sind eine große Anzahl von Eigenschaften weggelassen worden. Es sind die Informationen über Eigenschaften weggelassen worden, die vom Gehirn nicht gebraucht werden, um ein funktionierendes Modell zu erstellen. Die submikroskopischen Eigenschaften eines Objektes sind dazu nicht notwendig, daher kann das menschliche Auge keine Moleküle und keine Elektronen sehen.

Im nächsten Schritt gibt man dem erkannten Objekt einen Namen. Das Gehirn sucht nach einem Namen für das "sinnvolle Ganze" und zwar nach einem Namen, der dazu passt.

Ein Begriff wie "Bleistift" oder "Vogel" entsteht, indem das Gehirn einige Merkmalen dessen, was es wahrnimmt, zusammenfasst und dieser Summe von Merkmalen einen Namen gibt. Begriffe sind also Zusammenfassungen von unterschiedlich vielen Merkmalen.

Der Oberbegriff "Vogel" beschreibt wesentlich weniger Eigenschaften des realen Ereignisses "Vogel" als der Begriff "Spatz". Die Definition des Begriffes "Vogel" umfasst also wesentlich weniger Merkmale, als der konkrete einzelne Vogel, dem man im Wald begegnet, tatsächlich hat. Ich möchte dies anhand einer Zeichnung verdeutlichen. Die Zeichnung stammt nicht von Korzybski, Korzybski hat durch ähnliche Zeichnungen jedoch deutlich gemacht, dass er die Bildung von Begriffen ebenso sah, wie folgend dargestellt.

• • • • ● • ● ● • • •

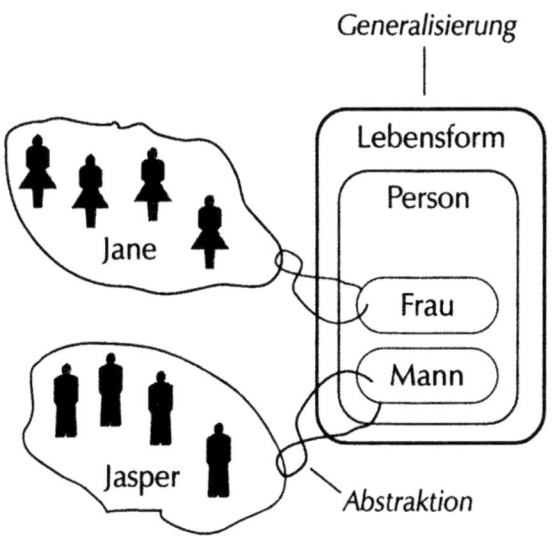

Abbildung 3: Abstraktion

• • • ● • ● ● • • •

Begriffe werden durch Abstraktionen gebildet. Beim Prozess des Abstrahierens werden Unterschiede zugunsten von Ähnlichkeiten negiert.

Bei der Begriffsbildung werden nur einige Merkmale berücksichtigt, viele wichtige Eigenschaften aber weggelassen. Unter dem Objektnamen "Bleistift" fasst man Merkmale wie Länge, Dicke, Form, Farbe, Härte zusammen. Man sieht bei der Definition dessen, was ein "Bleistift" ist, von eher zufälligen Charakteristika des konkreten Bleistiftes, wie z.B. dem Kratzer auf der Oberfläche, ab.

Beim Übergang vom wahrgenommenen Vogel zur Bezeichnung "Vogel" mussten also wieder zahlreiche Eigenschaften getilgt werden, das Nervensystem musste erneut abstrahieren.

Das Nervensystem arbeitet in einer hierarchischen Reihenfolge von einzelnen Verarbeitungsschritten. Dabei werden auf jeder Verarbeitungsebene von unten nach oben immer mehr Eigenschaften des Wahrgenommenen weggelassen. Daher ist die ursprüngliche Wahrnehmung des Objektes durch die tieferen Nervenzentren erheblich reichhaltiger (tasten, riechen, sehen, schmecken) als die Zahl der Eigenschaften, die unter dem Begriff zusammengefasst werden. Dieser Begriff repräsentiert eine höhere Ebene der Abstraktion von dem realen Ereignis als das wahrgenommene Objekt.

Worte repräsentieren das, was das Nervensystem auf den vorsprachlichen Ebenen aufgenommen hat. Worte sind keine Repräsentation der Gegenstände, Ereignisse oder Sachverhalte. Worte sind eine Repräsentation für von einem menschlichen Nervensystem wahrgenommene Gegenstände oder Ereignisse oder Sachverhalte und für die Bedeutung, die diese Gegenstände, Ereignisse oder Sachverhalte für uns haben, also für "Gefühle", "Intuitionen", "Ideen", "Instinkte".

Dieses Modell erlaubt es, Eigenschaften der menschlichen Sprache sinnvoll zu beschreiben. Der Unterschied zwischen dem "benutzen" und dem "erwähnen" eines Wortes wurde schon dargestellt.

Dieses Modell trägt der Tatsache Rechnung, dass die menschliche Sprache selbstreferentiellen Charakter hat, dass man mit Hilfe von Sprache über Sprache sprechen kann und dass deshalb eine sorgfältige Unterscheidung, auf welcher Ebene man sich befindet, unbedingt notwendig ist, um Paradoxien und Verwirrungen zu vermeiden.

Selbstbezüglichkeit und die verschiedenen Ebenen der Verarbeitung

Wenn jeder Begriff nur auf genau einer Ebene angewendet werden könnte, wäre es nicht schwierig, zwischen schlussfolgernden und beschreibenden Aussagen zu unterscheiden. Wenn jedes Prädikat nur eine einzige Bedeutung hätte, wäre jede Aussage problemlos einschätzbar. Dem ist aber nicht so.

Die Analyse zeigt, dass die meisten Begriffe, die in der Sprache verwendet werden, "ja", "nein", "wahr", "falsch", "Realität", "Existenz", "Fakt", "Definition", "Wahrheit" usw. auf allen verbalen Ebenen angewendet werden können. Diese Begriffe kann man gleichzeitig in einer Aussage als beschreibenden und als schlussfolgernden Begriff verwenden.

Man kann mit Hilfe dieser Begriffe Aussagen machen wie: "Die Wahrheit der Wahrheit ist schwer zu erfassen." oder: "Die Definition der Definition ist unklar." Man kann mit solchen Begriffen Aussagen bilden, die sich selbst als Element der Menge enthalten, auf die sich die Aussage bezieht.

Diese Art von Begriffen bezieht sich nicht auf einen eindeutigen Gegenstand, wie zum Beispiel der Begriff "Haus" oder "Brot" oder auf eine Menge von konkreten Referenzobjekten wie "Frauen" oder "Männer". Mit Begriffen, die sich auf konkrete Objekte beziehen, kann man keine Aussagen bilden, die sich selbst als Element der Menge, über die die Aussage gemacht wird, enthalten.

Je nach der Ebene der Verarbeitung und je nach Kontext, wird mit Begriffen wie "Wahrheit" oder "Definition" auf etwas Unterschiedliches referiert. Diese Begriffe haben keinen eindeutigen Gegenstandsbereich. Begriffe dieses Typs nannte Korzybski "vieldimensionale Begriffe".

Ein Beispiel für die Probleme, die bei der Verwendung solcher Begriffe entstehen können, ist der Satz: "Es gibt keine Wahrheit." Wenn der Satz wahr ist, dann ist er falsch, weil es dann ja doch eine Wahrheit gibt. Wenn er falsch ist, dann gibt es doch eine Wahrheit und dann ist der Satz richtig. Die Aussage: "Es gibt keine Wahrheit" ist eine Aussage über alle Aussagen, die überhaupt möglich sind. Sie setzt die Menge aller Aussagen voraus und ist als einzelne Aussage auch Element der Menge aller Aussagen.

Dieses Problem nannte Russell in seiner Typenlehre das "Zirkelfehlerprinzip". Diesem entgeht man nur, indem man den Bereich, auf den sich der Begriff bezieht, eingrenzt. Dann macht man nicht mehr eine Aussage über alle Aussagen, sondern nur noch über eine klar definierte Menge von Aussagen. "Es gibt im Bereich von Werturteilen keine Wahrheit" ist eine solche Aussage. Bei Sätzen mit vieldimensionalen Begriffen verfällt man dem Zirkelfehlerprinzip, wenn man nicht deutlich macht, worauf sich die verwendeten Begriffe beziehen.

Ein vieldimensionaler Begriff wird je nach Kontext ganz unterschiedlich gebraucht und bedeutet etwas Verschiedenes, er sieht aber immer gleich aus und hört sich gleich an. Das ist für das Gehirn verwirrend. Daher braucht man eine Methode, mit der man feststellen kann, ob ein Begriff ein vieldimensionaler Begriff ist oder nicht. Der Test, ob ein Begriff vieldimensional ist, ist einfach. Man nimmt eine Aussage und bildet eine neue Aussage über die erste Aussage, die denselben Begriff enthält und testet, ob eine solche Aussage möglich ist. Beispiel: Lernen ist einfach. Lernen zu lernen ist einfach.

Wenn eine solche Aussage sinnvoll möglich ist, dann ist der Term "Lernen", der auf sich selbst angewendet wurde, ein vieldimensionaler Term.

Wenn eine Aussage einen vieldimensionalen Begriff enthält, ist sie nicht überprüfbar und nicht verifizierbar. Eine solche Aussage ist nicht wahr und nicht falsch, sondern, wie Korzybski sagt: vieldeutig, schillernd. Erst wenn einem vieldimensionalen Term in einem Kontext ein eindeutiger Bereich zugewiesen wird, auf den er sich beziehen kann, dann wird die Aussage zu einer beschreibenden Aussage und kann überprüft und gegebenenfalls verifiziert werden.

Kurzum: dieser Typ von Begriffen hat sehr viele verschiedene Bedeutungen, die nicht miteinander identifiziert werden dürfen. Die meisten dieser Begriffe sind das, was das NLP "Nominalisierungen" nennt. Mit dieser Art von Begriffen kann man nur umgehen, wenn man fähig ist, die verschiedenen logischen Ebenen zu trennen, auf denen der Begriff angewendet werden kann. Auch dafür ist das Modell der Typenlehre das geeignete Strukturmodell.

Eine wichtige Eigenschaft dieser Sprache ist, dass die allermeisten ihrer Begriffe erst eine endgültige Bedeutung in einem bestimmten Kontext bekommen.

Ob ein Begriff in einer Aussage beschreibend gebraucht wird, hängt von der Klärung des Gebrauchszusammenhanges ab, oder davon, dass diesem Begriff eine *eindeutige Definition zugewiesen wird*. Erst dann ist die Aussage überprüfbar. Damit man überhaupt weiß, dass man einen Begriff je nach Kontext anders definieren muss, kommt also alles darauf an, die Struktur unserer Sprache zu erfassen, unter anderem die Struktur vieldimensionaler Begriffe.

Das hat enorme Konsequenzen für die Kommunikation. Wenn ich nicht weiß, dass Begriffe nicht sehr viele Bedeutungen haben, dann kann ich nicht klären, auf was mein Gesprächspartner mit seiner Benutzung des Wortes gerade referiert.

Korzybski wies auch darauf hin, dass einige dieser Art von Begriffen in manchen Kontexten gar nichts bedeuten. Beispielsweise ist die Frage: "Welche Temperatur hat ein Elektron? " nicht zu beantworten, weil der Begriff "Temperatur" nur für die molekulare Ebene definiert ist. Während also die Frage: "Welche Temperatur haben diese Moleküle? " entscheidbar ist, indem man nachmisst, ist dieselbe Frage nach der Temperatur der Elektronen durch nichts entscheidbar, der Begriff hat in diesem Kontext schlicht keinen Sinn.

Da es aber keine definitive Regel gibt, wann ein Symbol für etwas steht und wann nicht, ist es nach Korzybski im therapeutischen Kontext nützlich, davon auszugehen, dass jede Repräsentation, jedes Symbol für eine Erfahrung steht, auch wenn sie mit "normalem" Sprachverständnis zuerst nicht zuzuordnen ist. Man kann von keinem Symbol annehmen, dass es "für nichts" steht und steht somit vor der Aufgabe, herauszufinden, wofür es steht.

Die zweite wichtige Eigenschaft der menschlichen Sprache ist, dass ihre Begriffe einen ganz unterschiedlichen Informationsgehalt aufweisen. Je stärker das Bewusstsein dafür ausgeprägt ist, dass Begriffe durch verschiedene Abstraktionsschritte entstehen und niemals alle Eigenschaften eines Objektes bezeichnen, desto einfacher wird die Kommunikation: Man weiß, was man nicht weiß. Wenn man einen Satz hört, weiß man, welche Informationen man nicht hat und weiß, dass man diese Informationen nötigenfalls erfragen muss.

Wer den unterschiedlichen Informationsgehalt verschiedener Begriffe richtig einschätzen kann, kann sich in seiner sprachlichen Umgebung leichter orientieren als derjenige, der das nicht kann. Das Bewusstsein dafür, dass nicht alle Begriffe den gleichen Informationsgehalt haben, setzt das Bewusstsein voraus, dass ein Begriff nie mit dem identisch ist, was er repräsentiert. Nur dann ist es möglich, in Unterschieden zu denken. Dass ein Wort nicht das "ist", was es repräsentiert, dieses Wissen setzt wiederum ein Modell voraus, das verschiedene Ebenen der Abstraktion voneinander unterscheidet.

Mit Hilfe der bisher dargestellten Zusammenhänge lässt sich auch ein weiteres wichtiges Problem klären: das der Überprüfbarkeit von Aussagen. Welche Aussagen sind intersubjektiv überprüfbar und welche sind es nicht?

• • • ● • ● • • •

Überprüfbarkeit von Aussagen

Nicht jede Aussage, die Menschen machen, ist überprüfbar. Eine überprüfbare Aussage kann verifiziert beziehungsweise falsifiziert werden. Das heißt, man kann durch Beobachtungen feststellen, ob sie zutrifft oder nicht. Eine Aussage wie: "Draußen regnet es" kann durch Beobachtungen überprüft werden und sich als richtig oder falsch, als wahr oder unwahr erweisen.

Aber nicht jede Aussage kann überprüft werden. Eine ganze Reihe von Aussagen, wie lyrische Aussagen oder Werturteile ("Das Reisen ist für den Menschen gut. ") etc. sind nicht überprüfbar. Das meint nicht, dass sie keine Bedeutung haben. Im Gegenteil, für unser gefühlsmäßiges Erleben sind diese Äußerungen viel wichtiger als Aussagen über Sachverhalte. Sie können nur nicht verifiziert oder falsifiziert werden. Aussagen müssen bestimmte Bedingungen erfüllen, um überprüfbar zu sein.

Die meisten Menschen glauben unbewusst oder bewusst, dass jede Aussage entscheidbar ist. Die Folgen eines Glaubenssatzes über Sprache und Welt, der besagt, dass jede Aussage entweder wahr oder falsch ist, sind nach Korzybski Dogmatismus, Fatalismus, falsche Einschätzungen von Situationen, psychologische "Schocks" und ein daraus resultierender Zustand von Angst und Sorge. Andererseits ist es nicht ganz einfach festzustellen, welche Aussagen unentschuldbar sind und welche nicht.

Wie findet man nun heraus, welche Aussagen überprüft werden können und welche nicht?

Das Problem der Überprüfbarkeit von Aussagen lässt sich sinnvoll lösen, wenn man unterscheidet, auf welcher logischen Ebene eine Aussage gemacht wird. Eine beschreibende Aussage ist intersubjektiv überprüfbar und kann unter bestimmten Bedingungen als "wahr" oder "falsch" bezeichnet werden. Eine schlussfolgernde Aussage ist nicht überprüfbar. Sie kann "angemessen", "funktionell", "passend" sein, aber nicht richtig oder falsch. Die Fähigkeit, zwischen beschreibenden und schlussfolgernden Aussagen unterscheiden zu können, ist für eine flexible Kommunikation existentiell wichtig, wie schon im Abschnitt über "Identität" dargestellt.

Nur Aussagen über Sachverhalte können wahr (oder falsch) sein, also nur Aussagen wie z.B.: "Schnee ist weiß" oder: "Wenn es regnet wird die Straße nass." Damit eine Aussage durch Beobachtungen überprüft werden und sich dann als wahr oder falsch erweisen kann, muss sie eine bestimmte sprachliche Form haben.

Die Aussage "Die Katze liegt auf der Matratze" ist intersubjektiv überprüfbar, wenn der Hörer die Begriffe "Katze" und "Matratze" kennt, wenn er schon einmal eine Katze und eine Matratze gesehen hat, wenn der Hörer sich am gleichen Ort befindet wie der Sprecher, wenn er also genau weiß, worauf sich welche Begriffe beziehen, wenn er dieselbe Sinnesausrüstung hat wie der Sprecher und wenn er des Deutschen insgesamt so kundig ist, dass er die Relation (= Beziehung) zwischen

Katze und Matratze, die durch die syntaktische Struktur des Satzes ausgedrückt wird, nachvollziehen kann. Eine solche Aussage nennt man seit den Arbeiten des Logikers Tarski "wahr".

Tarski definierte eine wahre Aussage folgendermaßen: "Die Aussage ‚Der Schnee ist weiß' ist genau dann wahr, wenn der Schnee weiß ist." Die Prädikate in dieser Aussage bezeichnen konkret etwas, was man sehen, hören oder fühlen kann. Wenn man diese Aussage wahr nennt, dann handelt sich dabei um eine Wahrheit, die an sehr viele Voraussetzungen gebunden ist und daher nicht "objektiv" ist, aber es handelt sich um überprüftes und intersubjektiv gültiges Wissen.

Prinzipiell gilt, dass eine Aussage durch Beobachtungen überprüft werden können muss, damit sie verifizierbar ist. Der Sprecher muss angeben können, was ein Hörer sehen, hören oder fühlen muss, damit die Aussage des Sprechers gilt. Er muss sagen können, was der Fall sein muss, damit eine Aussage wahr ist.

Nur beschreibende Aussagen sind überprüfbar. Man kann beschreibende Aussagen von wertenden und schlussfolgernden Aussagen unterscheiden, wenn man die verschiedenen Ebenen der Verarbeitung trennt und wenn man beschreibende Ausdrücke von schlussfolgernden Ausdrücken unterscheiden kann. Diese Fähigkeit wird mit dem Meta-Modell trainiert, daher ist dieses Modell die wichtigste Weiterentwicklung des NLP gegenüber dem NLT.

Mit Hilfe des Modells der logischen Typen ist es möglich, mit den selbstreferentiellen Eigenschaften der menschlichen Sprache sinnvoll umzugehen, ohne sich in logische Paradoxien zu verstricken. Das Modell hilft zu erklären, warum verschiedene Begriffe einen unterschiedlichen Informationsgehalt aufweisen und dass sehr viele Begriffe nicht kontextfrei definiert werden können. Damit fokussiert es die Aufmerksamkeit auf den Kontext, innerhalb dessen die Bedeutung eines Begriffes (und eines Erlebnisses) entsteht.

● ● ● ● ● ● ● ● ● ●

Das letzte Kriterium für gute Modelle

Ein letztes entscheidendes Kriterium für gute Modelle war eine strukturelle Ähnlichkeit des Modells mit dem Gebiet, das sie beschreiben. Auch diesem Kriterium entspricht das Modell der logischen Typen.

Innerhalb der empirisch bekannten Welt gibt es kein Ereignis, das isoliert von irgendeinem anderen Ereignis zu sehen wäre, keine Handlung, die isoliert von einer anderen stattfände. Korzybski weist immer wieder darauf hin, dass "isolierte" Gegenstände, Menschen, Handlungen usw. in der realen Welt nicht existieren und Modelle, die davon ausgehen, folglich eine gefährliche Illusion darstellen.

Jede Entität ist vollkommen einzigartig, mit einzigartigen Eigenschaften. Ähnlichkeiten entstehen erst durch die Arbeit des menschlichen Nervensystems, das Details herausfiltert und so

Ähnlichkeiten "erkennt". Diese einzigartigen Entitäten, Ereignisse, Gegenstände oder Handlungen bestehen aber nicht isoliert voneinander.

Deshalb sollte man eine Sprache haben, mit der man die Beziehungen zwischen den einzelnen Entitäten beschreiben kann. Diese "Sprache" ist eine Theorie, die Strukturen beschreibt, die auf sehr viele Wissensgebiete anwendbar sind. Diese "Sprache" wurde von Korzybski vorgedacht, wirklich entwickelt wurde sie von den verschiedenen Systemtheoretikern.

Um überhaupt Beziehungen zwischen Entitäten beschreiben zu können, muss man diese Entitäten zu Mengen oder Klassen ordnen. Beispiel: Um die Beziehungen zwischen einzelnen Städten feststellen zu können, muss man alle einzelnen Städte in die Menge der Städte einordnen. Das Modell der logischen Typen beachtet sowohl die Tatsache, dass Individuen oder einzelne Entitäten existieren, als auch die Tatsache, dass diese Entitäten zu Mengen geordnet werden müssen. Es leitet also dazu an, die mentale Voraussetzung zu erfüllen, die für gute Modellbildung notwendig ist. Insofern ist es ein Modell, das eine strukturelle Ähnlichkeit mit dem Gebiet, das es abbildet, aufweist.

• • • ● • ● • • •

Hingegen fokussiert das Modell der Aristotelischen Logik auf die einzelne Entität und betrachtet diese isoliert – eine inadäquate Vorstellung in einer Welt, in der es entscheidend ist, in welcher Art von Beziehungen die Dinge zueinander stehen.

Therapeutische Konsequenzen

Das Neurolinguistische Training nahm für sich in Anspruch, ein Modell zu sein, das "Gesundheit" trainiert. Der Begriff, mit dem Korzybski einen gesunden Zustand beschrieb, ist der des "Bewusstseins für Abstraktion". Sein NLT sollte semantische Reaktionen von "NichtIdentität" trainieren.

Jeder Organismus passt sich an die Umgebung an, indem er auf externale Stimuli reagiert. Er wird durch diese externalen Stimuli verändert. Organismen sind funktionelle Einheiten. Eine additive Änderung in ihrer Struktur beinhaltet nicht notwendigerweise eine additive Änderung in ihrer Funktionsweise.

"Ein Gedanke" repräsentiert eine Reaktion des Organismus als ganzem, er wurde produziert durch die Arbeit des Ganzen und beeinflusst das Ganze. Unsere übliche Verwendung des Begriffes "bewusst" beinhaltet, dass man sich irgend etwas bewusst ist, einer

Idee, einem Gefühl, einem Gedanken. Eine Reaktion, die sehr gewohnheitsmäßig abläuft, ist nicht notwendigerweise "bewusst".

Der Begriff "Bewusstsein" ist insofern undefiniert, als er nichts darüber aussagt, wessen man sich bewusst ist. Daher wählte Korzybski den Begriff "Bewusstsein für Abstraktion". Heute sagt man dazu, jemand filtert und ist sich dessen bewusst, dass er filtert.

Das Bewusstsein für Abstraktion ist das Wissen um die Charakteristika, die Eigenschaften eines Objektes oder eines Prozesses, die bei einer Beschreibung oder einer Schlussfolgerung, also bei der Bildung höherer Abstraktionen ausgelassen wurden im Verhältnis zum ursprünglichen "Ereignis außerhalb unserer Haut".

Bewusstsein für Abstraktion bedeutet die ständige Wahrnehmung, dass bei dem Übergang von einer Ebene zur nächsten Charakteristika ausgelassen wurden. Dieses "Wissen" ist keinesfalls nur verbal und wird auch nicht verstanden, wenn es nur verbal verarbeitet wird.

Wenn es durch langes Training und therapeutische Techniken erworben wird, bedeutet das, das man auf sehr viele Ereignisse in dieser Welt, sprachliche wie nichtsprachliche, flexibler reagieren kann und daher adäquatere Informationen über die Welt hat. Das Nervensystem und das Gehirn können dann ihre Aufgabe, funktionelle Modelle von Welt zu bilden, besser erfüllen. Nur ein Bewusstsein, welches weiß, welche Informationen es eigentlich hat und welche nicht und welcher Natur diese Informationen eigentlich sind, kann sich angemessen verhalten.

Reihenfolge

Das Nervensystem verarbeitet sinnesspezifische Impulse in einer bestimmten Reihenfolge. Das heißt, es nimmt erst wahr und beschreibt dann, schließlich zieht es aus den Beschreibungen Schlussfolgerungen. Wenn es in dieser Reihenfolge vorgeht, ist sichergestellt, dass das Nervensystem auf externale Stimuli reagiert, die tatsächlich vorhanden sind. In dem Prozess der Informationsverarbeitung werden externale und internale Stimuli zunehmend zu einem Modell integriert.

Eine angemessene Integration von externen und internen Stimuli ist überlebensnotwendig, damit man seine Bedürfnisse befriedigen kann. Beispielsweise braucht man, um nicht zu verhungern, den realen Apfel und nicht das wahrgenommene Objekt "Apfel". Um den realen Apfel zu organisieren, muss das Gehirn erst auf externe Umweltreize reagieren und dann erst bestimmte Schlussfolgerungen ziehen. Diese Reihenfolge der Verarbeitung nennt Korzybski die "natürliche Reihenfolge der Verarbeitung".

Angenommen, man könnte das Gehirn trainieren, erst den Schluss zu ziehen: "Mir schmecken Äpfel", und dann die Beschreibung anzufertigen: "Dort liegt ein Apfel", und dann die Wahrnehmung: "Ich sehe einen Apfel" zu produzieren.

Dann käme das heraus, was man Halluzinationen nennt, es sei denn, man hat zufällig Glück und da liegt wirklich ein Apfel. Halluzinationen sind also strukturell als eine Umdrehung der natürlichen Reihenfolge der Verarbeitung von Daten zu beschreiben. Tatsächlich kann man das Gehirn trainieren, so zu arbeiten.

Die meisten Menschen kennen aus der Praxis ein "mentales Bild" oder eine "Idee". Sinneseindrücke werden mit früheren mentalen Bildern oder Ideen verglichen, kombiniert, weiterverarbeitet. Diesen Vorgang nennt man Intelligenz. Experimente zeigen, dass natürlicherweise der "Sinneseindruck" zuerst kommt und dann die "Idee" oder das vorgestellte Bild.

Einige Individuen haben nun Ideen zuerst und dann den dazu passenden Sinneseindruck, sie sehen, wo es nichts zu sehen gibt, hören, wo es keinen externalen Stimulus gibt usw. Wenn solche Menschen nicht beschützt werden, können sie nicht überleben.

Das zeigt, dass die natürliche Reihenfolge der Interpretation lebenswichtig ist. Die Umdrehung dieser natürlichen Reihenfolge findet auch in der Identifikation oder Verwechslung logischer Ebenen statt. Diese führt zu einer Verwirrung des Nervensystems, da die natürliche Reihenfolge in der Aktivität des Nervensystems verletzt wurde.

Diese Umdrehung transformiert die externale Welt in eine fiktive Einheit. Wenn man das Nervensystem auf eine Art und Weise nutzt, die gegen seine natürliche und überlebensnotwendige Reihenfolge arbeitet, muss man nicht-überlebensfähige Verhaltensweisen erwarten.

Der tägliche Gebrauch unserer Sprache trainiert darauf, weil er, wie gezeigt, zur Identifikation zweier verschiedener Ebenen der

Verarbeitung einlädt. Der natürlichen Reihenfolge der Verarbeitung von Reizen zu Informationen stehen die beiden wichtigsten Formen der Identifikation im Wege: Zum einen die Objektifikation, bei der höhere Ebenen der Verarbeitung mit tieferen verwechselt werden.

Hier werden Wörter mit Ideen, Gefühlen usw. identifiziert. ("Objektifikation", weil "Gefühlen", "Ideen" eine tatsächliche, objektive Existenz außerhalb des eigenen Nervensystems zugeschrieben wird.) Die zweite wichtige Form ist die Identifikation von Schlussfolgerung, schlussfolgernden Begriffen und Beschreibungen und beschreibenden Begriffen.

•‣•‣•‣‣•‣•‣•‣‣•

Das gesehene Ereignis (vor-sprachlich) (erste Ebene der Verarbeitung)	Idealer Beobachter	Identifizierender Beobachter
	♣, ♦, ♥, ♠... 𝔖	♣, ♦, ♥, ♠... 𝔖
Beschreibung (erste verbale Ebene der Verarbeitung)	↓ ↓ ↓ ↓ ↓ a, b, c, d .. x	↓ ↓ ↓ ↓ ↓ a, b, c, d ... B(x) = y
Schlußfolgerungen, Zusammenhänge usw. (höhere, schlußfolgernde verbale Ebene)	↓ A	B ↗ ↓ C
Glaubenssätze und andere semantische Reaktionen ...	↓ A' ↓	↓ C' ↓
Handlung	A"	C"

Abbildung 4: *Reihenfolge der Verarbeitung von Sinneseindrücken beim idealen und beim identifizierenden Beobachter.*

• • • ● • ● • • •

Der ideale Beobachter, der die natürliche Reihenfolge der Einschätzung einhält, geht nach Korzybski folgendermaßen vor: Er beobachtet irgendein Ereignis, z.B. "♣, ♦, ♥, ♠" und dann kommt ein neues Ereignis "**J**". Auf dieser Ebene kann nicht gesprochen werden, daher benutzt Korzybski Symbole, um diese Ebene zu verdeutlichen.

Der ideale Beobachter gibt dann eine Beschreibung des Ereignisses, z.B. sagt er a, b, c, d ... x; dann zieht er eine Schlussfolgerung aus dieser Beschreibung und kommt zu einem endgültigen Schluss oder Urteil über diese Fakten. Er handelt auf der Basis dieses Urteils. In diesem Falle existieren drei verschiedene Ebenen der Verarbeitung: die gesehenen, erfahrenen niedrigen Abstraktionen (vor-sprachlich), dann die beschreibende Ebene und schließlich die schlussfolgernde Ebene. Alle diese Ebenen werden von dem "idealen Beobachter", wie Korzybski ihn definierte, sorgfältig auseinandergehalten.

Der Beobachter, der die verschiedenen Ebenen miteinander identifiziert, geht folgendermaßen vor: Er beobachtet dieselben Ereignisse "♣, ♦, ♥, ♠", und das Ereignis "**J**" wäre ihm auch neu. Die ersten Ereignisse würde er in der Form a, b, c, d ... beschreiben, und aus weniger Informationen würde er ein Urteil formen und damit zu einer anderen Ebene der Abstraktion wechseln.

Wenn nun das Ereignis "**J**" eintrifft, betrachtet er das Ereignis durch die zuvor geformte Meinung. Seine Beschreibung enthält nicht das "x" des idealen Beobachters, sondern er "sieht" das neue "x" als Funktion der alten Schlussfolgerung B und daher nicht als "x", sondern als B (x)

= y. Die neuen Fakten sind für diesen Beobachter keine neuen Fakten, sondern von der alten Schlussfolgerung abhängige Ereignisse.

Auf der Basis der verfälschten Fakten formt er eine neue Schlussfolgerung, diese kann "C" genannt werden. Da die verschiedenen Ebenen der Verarbeitung miteinander identifiziert wurden, resultiert der Prozess in einer ganz anderen Handlung als die Handlung des idealen Beobachters.

Die Wahrnehmung des neuen Ereignisses ist eingefärbt durch alte semantische Reaktionen. Seine Beschreibung geschieht aufgrund einer zuvor aufgesetzten Brille. Damit ist nicht sichergestellt, dass er auf die signifikanten Unterschiede zwischen altem und neuem Ereignis reagiert, er behandelt das neue Ereignis, als wäre es das alte und identifiziert so zwei voneinander unabhängige Ereignisse miteinander.

Zwei Beispiele:

In einem Falle stand ein Junge mehrfach morgens nicht auf. In einem anderen Falle nahm ein Junge wiederholt Geld aus dem Portemonnaie seiner Mutter. Im ersten Falle schloss man daraus, dass der Junge faul sei, im zweiten, dass er ein Dieb sei.

Die Eltern, durch semantische Identifikation fehlgeleitet, betrachteten nun alle neuen Fakten durch die Brille der alten

Schlussfolgerungen, und die Wahrnehmungen der Kinder wurden mehr und mehr verzerrt und durch alte Gefühle eingefärbt. Ein Psychiater klärte die Geschichten dahingehend, dass beide Jungen weder "faul" noch "ein Dieb" seien, sondern behandlungsbedürftig. Das führte schließlich dazu, dass sich die Situation besserte.

Die Identifikation von Beschreibung und Schlussfolgerung führt also dazu, dass eine Beschreibung nicht aufgrund neuer Beobachtungen, sondern durch die Brille alter Schlussfolgerungen gefärbt, erstellt wird. Im schlimmsten Falle werden die "neuen" Fakten entsprechend der alten Schlussfolgerungen produziert.

• • • • ● ● ● • • •

Übersetzung

Es wurde schon gesagt, dass die verschiedenen Ebenen der Verarbeitung sehr verschiedene Eigenschaften haben. Es gibt zwei wesentliche Unterschiede zwischen den tieferen Verarbeitungsebenen (erste Wahrnehmungen) und den höheren Abstraktionen (Symbole). "Ideen", "Gefühle", "Intuitionen", "Instinkte" werden durch die Sinnesorgane und tieferen Verarbeitungsebenen von Rückenmark und Gehirn produziert.

Die Sinnesorgane sind den aktuellen Erfahrungen des Lebens näher als der Neocortex, der nur stark gefilterte Eindrücke erhält. Die Erfahrungen der "tieferen Nervenzentren" sind nicht-dauernd, verschiebbar, vage und vor-sprachlich, aber oft sehr intensiv. Sie spielen in unserem Leben die wichtigste Rolle. Diese Erfahrungen können anderen Menschen nicht wirklich übermittelt werden, sie sind völlig individuell und haben daher einen privaten Charakter. Alle "Sinneseindrücke", "Gefühle", "Stimmungen" sind Repräsentationen der allerersten Wahrnehmungen.

Die höheren Nervenzentren, wie der Cortex, sind fähig, abstrakte Symbole zu produzieren. Diese Symbole sind Repräsentationen dessen, was die tieferen Nervenzentren an Informationen geliefert haben. Die wichtigste Eigenschaft dieser Symbole ist, dass sie in extra-neuronaler Form weitergegeben werden können.

Nun sind Neocortex und tiefere Hirnzentren sowie die Sinnesorgane nicht völlig voneinander getrennt. Sie sind zyklisch durch Nervenbahnen miteinander verbunden. In einer zyklischen Nervenkette muss man immer die Ergebnisse einer Ebene in eine andere übersetzen. Symbole müssen in Erfahrungen (sehen, hören, fühlen) übersetzt werden und Gesehenes, Gehörtes, Gefühltes in Symbole.

Für die optimale Arbeit des menschlichen Nervensystems muss man Mittel entwickeln, das Dynamische in das Statische und das Statische in das Dynamische zu übersetzen. Man muss die abstrakten Symbole mit privater Erfahrung verbinden, damit man sie verstehen kann.

Die meisten psychologischen Schwierigkeiten entstehen auf der dynamischen affektiven Ebene. "Denken" und "Fühlen" kann nicht so genau getrennt werden, wie die Sprache das tut. Man weiß, wie "Denken" durch "Fühlen" beeinflusst wird, aber weniger, wie "Fühlen" von "Denken" beeinflusst wird.

Alle Psychotherapie dreht sich darum, "Fühlen" durch "Denken" zu beeinflussen. Theorien müssen mit den niedrigeren Nervenzentren in Verbindung gebracht werden. Theorien müssen "visualisiert" werden, "Intuition" und "Gefühl" erreichen.

Die Verarbeitungsformen, die die tieferen Nervenzentren wirkungsvoll beeinflussen, nennt man "Visualisierung", "Intuition", "Gefühl". Wenn höhere Ebenen der Verarbeitung, also sprachliche oder andere Symbole auf diese Weise "verdaut" werden, hat der Mensch eine enorme Menge von Daten zur Verfügung.

Er hat dann seine eigenen persönlichen Erfahrungen und Beobachtungen des aktuellen Lebens und auch die persönlichen Erfahrungen und Beobachtungen vergangener Generationen. Wenn es jemandem gelingt, Erfahrungen, die als Symbole gespeichert waren, in Erfahrungen zurückzuübersetzen, dann wurde sein Nervensystem durch die Symbole wirklich berührt. Sie wurden zurückübersetzt in die Erfahrungen der tieferen Ebenen, sie wurden "bedeutsam".

Dann kann er diese Daten neu interpretieren, sie neu "sehen". Aus alten Erfahrungen werden durch Neuinterpretation neue Theorien, die diesen Erfahrungen besser entsprechen. Diese neuen Theorien werden dann ähnliche semantische Effekte auf andere Individuen ausüben wie die Theorien, die zuvor genutzt wurden.

Die Übersetzung ist notwendig, weil die Reaktionen beider Ebenen auf das gleiche Material sehr verschieden sind.

Diese Prozesse (die Art, wie das Nervensystem effizient arbeitet) sind noch nicht unter dem Aspekt der Reihenfolge untersucht worden. Man benutzt sie oft, ist sich aber häufig nicht bewusst wie sie funktionieren. Daher hat man keine Möglichkeit, unsere semantischen Reaktionen zu trainieren.

$$\cdot \, \cdot \, \cdot \, \bullet \, \cdot \, \bullet \, \cdot \, \cdot \, \cdot$$

Übereinstimmung

Ein weiteres Problem ist die Übereinstimmung der Ergebnisse von höheren und tieferen Ebenen der Verarbeitung. Nun kann der Fall eintreten – und das geschieht sehr häufig –, dass die verbale Repräsentation der vorsprachlichen, die sie abbildet, in keiner Weise entspricht oder dass die Schlussfolgerungen den Beschreibungen nicht entsprechen.

Jede Ebene ist nämlich ein Modell der vorigen Ebene und damit gilt für jede Ebene das, was für Modelle überhaupt gilt: Die Landkarte ist nützlich, wenn sie dem Gebiet strukturell ähnlich ist. Jedes Modell ist das Gebiet, das durch eine neue Landkarte repräsentiert wird. Wenn diese Landkarte strukturell dem Gebiet nicht entspricht, dann ist der Organismus, der über inadäquate Landkarten verfügt, in einer Art Spannung, die er durch alle Mittel zu verändern versucht.

Der optimale Fall ist der, dass die Repräsentationen einander entsprechen. Das ist der für den Organismus gesündeste Fall. Der Organismus fühlt sich dann wohl und ist gut orientiert. Ein Beispiel dafür, wie wichtig es für den Menschen ist, dass Erfahrung und Interpretation einander entsprechen, ist die Situation in einem Raum oder in einer Gemeinschaft, wo sehr lange etwas Wahres nicht laut ausgesprochen werden durfte, wo irgend etwas "in der Luft" hängt.

Jeder "fühlt" es, jeder sieht oder hört etwas, aber es gibt noch keine angemessene verbale Repräsentation für das, was los ist. Jeder kennt das angenehme Gefühl, das in einem Raum entsteht, wo plötzlich jemand eine Wahrheit ausspricht, die lange "in der Luft" hing. Das angenehme Gefühl entsteht laut Korzybski dadurch, dass die höheren Abstraktionen (Beschreibung oder Schlussfolgerung) den tieferen ("Intuition", "Gefühl") entsprechen.

In der Wissenschaft gibt es das gleiche Problem. Man sammelt verschiedene Abstraktionen tieferer Ordnung (Daten) und macht höhere Abstraktionen daraus, man interpretiert diese Daten. Wenn diese zwei verschiedenen Ebenen der Verarbeitung strukturell einigermaßen zueinander passen, ist man zufrieden und genießt die daraus resultierende Harmonie. Wissenschaftler brauchen oft Jahre, um Theorien oder Modelle zu formulieren, die nicht strukturell mit den vorhandenen Daten in Konflikt geraten. Wenn sie das geschafft haben, dann fühlen sie sich zufrieden.

Wissenschaftler kennen die Gefühle von "mentalem" Schmerz und Unbehagen, wenn Sinneseindrücke und Theorien einander nicht entsprechen. Kreative Arbeit wird geleistet, um diesem Unbehagen zu entgehen. Menschen, die nicht kreativ sind, mögen diese Spannung nicht erfahren, sie produzieren aber auch keine wichtigen Arbeiten.

Das gleiche gilt in der Therapie. Die erlernten Arten, Sinneseindrücke zu beschreiben und zu interpretieren, können so falsch sein, dass ein permanent unglücklicher Zustand entsteht. Jene, die keine Konflikte fühlen, können trotzdem so involviert in diese Konflikte sein, dass sie keine neuronale Energie übrig haben, um sie zu lösen. Solch ein Versuch wird in semantischer Therapie gemacht: Der Psychiater versucht die semantischen Konflikte zu finden und zu eliminieren, so dass neue und freie neuronale Energie übrig ist, die dann für nützliche Arbeit verwendet werden kann.

• • • • • • • • •

Blockade

Eine andere Form der Nichtübereinstimmung ist die Blockade. Korzybski nannte Blockaden "semantische Blockaden". Es gibt Schlussfolgerungen, die die Verarbeitung neuer Erfahrungen der tieferen Nervenzentren grundsätzlich ausschließen.

Eine Theorie der Gesundheit muss sich daher auch mit Dingen wie "Wahrheit", "Unwahrheit", "Verdrängung" beschäftigen. Weil es das Ziel dieser Theorie ist, die effiziente Arbeit des Nervensystems durch die Entfernung von störenden semantischen Faktoren wie "Haltungen" oder "Glaubenssätzen" zu gewährleisten, muss man die Effekte betrachten, die falsche oder unterdrückte Aussagen auf das Nervensystem haben.

Da ein Impuls, ein "Gefühl", die "Idee" nicht einfach aus dem Gehirn und Nervensystem verschwinden kann – schließlich hat der Organismus irgend etwas gesehen, gehört oder gefühlt was wichtig ist –, stören die nicht verarbeiteten Impulse die Verarbeitung anderer Informationen.

Wenn man sieht, dass Ereignisse "A, B und C" in einer gegebenen Reihenfolge "A, B, C" erscheinen, dann haben die Sinnesorgane etwas wahrgenommen. Diese starten die zyklischen neuronalen Strömungen, die mit der gesehenen Reihenfolge übereinstimmen. "ABC" ist gesehen worden, "ABC" wird als "ABC" erkannt und in dieser Reihenfolge auch als "ABC" bezeichnet.

Sieht man die Reihenfolge A,B,C und sagt unwahrheitsgemäß, dass einem die Reihenfolge als C,B,A erscheint, basiert auch diese Aussage auf einigen zyklischen neuronalen Strömungen und zwar desselben Nervensystems. Man hat also einen Konflikt und eine Störung in der Arbeit des Systems. Wenn man einen Fehler macht, ist die Situation nicht die gleiche, wie wenn man absichtlich etwas Falsches sagt, sei es bewusst oder unbewusst.

Nehmen wir an, eine Reihe von Beobachtern stellen A,B,C fest. Ein neuer Beobachter macht den Fehler und sieht C,B,A. Die neuronalen Strömungen, auf denen seine Aussage basiert, entsprechen diesem Fehler. Zwischen dem, was er gesehen hat und dem, was er sagt, besteht eine Übereinstimmung, auch wenn beides falsch ist. Dementsprechend besteht kein Konflikt und keine Störung zwischen den verschiedenen neuronalen Strömungen.

Das Gesehene und das Gesagte stimmen miteinander überein. Daraus folgt, dass Fehler und absichtliche Unwahrheit auf verschiedenen neuronalen Mechanismen beruhen. Ein Fehler, der zu einer subjektiven Wahrheit führt, aber zu einer objektiv falschen Aussage, hat keinen störenden Einfluss auf das Nervensystem. Aber absichtlich falsche Aussagen über Fakten beinhalten semantische Konflikte und Störungen in der Funktion des Nervensystems. Das gleiche gilt für "unterdrücktes" Material.

Damit sind permanent neuronale Strömungen, die miteinander im Konflikt liegen, verbunden. Die neuronale Energie wird für Konflikte und Kämpfe verwendet, während sie eigentlich für konstruktive Zwecke benutzt werden könnte. Wenn man also annimmt, dass zwischen Gehirn und Geist eine Parallele besteht, kann man alles, was man als "Blockade", "Verdrängung", "Lüge" etc. beschreiben kann, auch auf der Ebene des Nervensystems als neuronale Prozesse beschreiben.

Damit man verdrängen kann, muss das Nervensystem in gewisser Hinsicht gegen seine eigenen "Interessen" arbeiten. Das Gehirn hat die Aufgabe, die für das Überleben wichtigen Umweltmerkmale zu erfassen und zu verarbeiten. Wenn das Gehirn zwar Umweltmerkmale erfassen, dann aber nicht zu Modellen integrieren "darf", die angemessene Handlungen erlauben würden, ist der Organismus nach Korzybski in einem Zustand voller Angst und Sorge, denn irgendwie "weiß" das Gehirn, dass es nicht so arbeitet wie es sollte. In einem solchen Falle arbeiten die verschiedenen Zentren im Nervensystem und Gehirn gegeneinander anstatt miteinander. Das manifestiert sich in einem

Verhalten, das von einem Beobachter als inkonsistent oder inkongruent beschrieben würde.

• • • • ● • ● • • •

Zusammenfassung

Kein Mensch reagiert direkt auf der Realität, sondern immer nur auf der Basis von Modellen. Je mehr diese Modelle strukturell mit der Realität übereinstimmen, desto besser funktionieren die auf der Basis dieser Modelle geplanten Handlungen. Damit man zu adäquaten Modellen kommt, braucht man a) Informationen über die Realität, diese liefern beim Menschen die Sinnesorgane, und b) Informationen über die Art und Weise, wie vorhandene Modelle, wie z.B. Sprache, diese Daten zu Modellen strukturieren. Wenn die vorhandenen Modelle den Daten nicht oder nur teilweise entsprechen, kommt es zu Konflikten.

Jede Intervention sollte also dafür sorgen, dass neue Daten zu gut funktionierenden Modellen verarbeitet werden. Modelle müssen überprüfbar sein, damit zwischen dem Ergebnis und dem Modell überhaupt ein Zusammenhang hergestellt werden kann. Nur dann kann das vorhandene Modell den neuen Daten entsprechend verändert werden oder es können neue Modelle konstruiert werden, sollten die alten Modelle keine guten Ergebnisse bringen.

Identifikation ist eine Art, Modelle zu bilden, die der Realität auf keinen Fall strukturell entsprechen. Die auf der Basis von Identifikation entstandenen Modelle sind immer dem Gebiet und der Arbeitsweise des Nervensystems strukturell unangemessen. Daher erscheint die Rolle, die die Identifikation in einem gegebenen Individuum spielt, immer als entscheidender Faktor in seiner Fähigkeit, mit der Umwelt sinnvoll zu interagieren.

• • • ● ●• ● ● •• •

---

1. Korzybski, Alfred: Science and Sanity; Lakeville 1980, S. 11 (Übersetzung von der Autorin)

2. Korzybski, 1933

NLP UND NLT

505. *Muss ich einen Befehl verstehen, ehe ich nach ihm*
handeln kann? – Gewiss! sonst wüsstest du ja nicht, was du
zu tun hast. – Aber vom Wissen zum Tun ist ja wieder
ein Sprung! – (Aus: Ludwig Wittgenstein, Philosophische
Untersuchungen, § 505)

• • • ● • ● • • •

Neurolinguistisches Programmieren

Neurolinguistisches Programmieren basiert auf sinnesspezifisch-konkreten Beschreibungen. Immer wenn du interpretierst, hältst du notwendigerweise einen Spiegel zwischen dich und die andere Person. Das ist nicht schlecht, aber es ist auch kein NLP Letzten Endes ist es die sinnesspezifisch-konkrete Beschreibung, die diesen Spiegel in ein Fenster in die Welt des anderen Menschen verwandelt. Solange du nicht zeitweise so frei bist, dass du wählen kannst, frei von interpretativen Beschreibungen zu sein, solange kannst du nicht kompetent im Neurolinguistischen Programmieren sein."[1]

· · · ● ●· ● ● · · ·

Die wichtigste Prämisse des NLP

"Die Landkarte ist nicht das Gebiet." John Grinder und Richard Bandler haben diese Prämisse nicht nur teilweise übernommen, sondern vollständig. In ihrem ersten Buch "Die Struktur der Magie" zitieren sie Korzybskis Landkartensatz ausführlich. Das bedeutet, nicht nur der erste Teil des Satzes "Die Landkarte ist nicht das Gebiet" wurde von Korzybski übernommen, auch die Prämisse, dass Landkarten und Gebiet einander strukturell ähnlich sein müssen, wurde Teil des Neurolinguistischen Programmierens.

Alle Modelle basieren auf Sinneseindrücken, die über mehrere Verarbeitungsstufen zu Modellen integriert und transformiert werden. Die sinnesspezifischen Eindrücke sind die Elemente aller Modelle. Je sinnesspezifisch-konkreter eine "Landkarte" gestaltet ist, desto reichhaltiger und detaillierter ist sie.

Daher wurde es entscheidend, welche Strategien jemand anwendet. Strategiemodelle beschreiben die Reihenfolge, in der sich jemand die Informationen von den verschiedenen Repräsentationssystemen zugänglich macht. Auch die Idee der Repräsentationssysteme stammt, wie im Kapitel 5 vorgestellt wird, letztlich von Alfred Korzybski.

Wirklich entscheidend ist jedoch, dass dem NLP-Lernenden systematisch vermittelt wird, auf das zu achten, was er sieht, hört oder fühlt. Auch im NLP nimmt man implizit an, dass die tieferen Ebenen der Verarbeitung die reichhaltigeren und wichtigeren sind als die höheren.

Der Fokus liegt im NLP auf Unterschieden in der Physiologie, der Bewegung, der Farbe der Haut, der Tonalität, die man sehen oder hören oder fühlen kann. Wichtiger als die Wahrnehmung von Ähnlichkeiten ist die Wahrnehmung von Unterschieden. Jede NLP-Technik "chunkt" zwischen den verschiedenen Verarbeitungsebenen.

Die Unterscheidung von Beschreibung und Schlussfolgerung ist bei der Arbeit mit Glaubenssätzen besonders wichtig. Glaubenssätze sind das, was Korzybski als Schlussfolgerungen bezeichnet. Eine weitere Umsetzung dieser Unterscheidung findet im Modell der logischen Ebenen statt. Verhalten ist etwas, was beschrieben werden kann, alle weiteren Ebenen können erschlossen werden, wenn man Verhalten interpretiert.

Bei der Veränderung von Glaubenssätzen wird die alte, dysfunktionale Schlussfolgerung zurückgeführt auf ursprüngliche Erlebnisse. Der Begleiter fragt genau, was der Klient in dem ursprünglichen Kontext sah, hörte und fühlte. Diesen Erfahrungen werden neue hinzugefügt und dann werden neue Schlussfolgerungen möglich.

"Chunking" ist die Fähigkeit, zwischen spezifischen oder globalen Aussagen hin- und herzuwechseln. Die Fähigkeit zwischen verschiedenen Ebenen der Verarbeitung hin- und herzuchunken, setzt voraus, dass man weiß, welche Art von Begriffen konkret und welche abstrakt sind. Die Anwendung des Meta-Modells trainiert diese Fähigkeit praktisch, da man mit Hilfe dieses Modells lernen kann, welche Begriffe unspezifisch sind und welche nicht.

Sprache ist eine wichtige Methode, Modelle zu bilden. Anhand der Strukturen von Sprache kann man erkennen, welche Prozesse bei der Bildung von Modellen wirksam waren.

Das Prinzip, Aussagen so zu formulieren, dass die entsprechenden Aussagen überprüfbar sind, ist eines der wichtigsten NLP-Prinzipien überhaupt. Jede Zielbestimmung fragt nach einem Ziel, welches so repräsentiert wird, dass man sehen, hören oder fühlen kann, wann das Ziel eingetroffen ist oder nicht. Das bedeutet, dass Aussagen über Ziele so formuliert werden, dass diese Aussagen überprüfbar gemacht werden. Jedes Ergebnis muss im NLP überprüfbar sein, damit man feststellen kann, ob eine Intervention funktioniert hat oder nicht.

Auch im NLP wird angenommen, dass alle Modelle auf der Basis sinnesspezifischer Erfahrungen entstehen und dann durch Abstraktionsvorgänge weiterverarbeitet werden. Das kommt in zahlreichen NLP-Techniken zum Ausdruck, wo eine Erfahrung zurückgeführt wird auf das ursprüngliche "sinnesspezifisch-konkrete" Erlebnis in einem bestimmten Kontext. Ein Beispiel für eine solche Technik ist das Re-Imprinting von Robert Dilts.

Ein weiteres Beispiel für den Wissensbegriff im NLP ist das sogenannte "Gedankenlesen", das als "semantisch fehlgeformt" bezeichnet wird. Nun liest, laut Definition, jemand "Gedanken" wenn er behauptet, dass er weiß, was ein anderer denkt oder fühlt ohne direkte Kommunikation der zweiten Person. Das bedeutet, dass jemand glaubt, etwas zu wissen, ohne eine sinnesspezifisch-konkrete Basis für dieses Wissen angeben zu können.

Der Begriff des "Zustandes" wurde von Korzybski übernommen. Jemand ist in einem guten oder schlechten Zustand und das kann man durch Beobachtung der Physiologie erkennen. Wenn man nicht auch im NLP annehmen würde, dass es eine Parallelität zwischen Mentalem und Neuronalem gibt, wäre der Versuch, einen guten Zustand anhand der Physiologie erkennen zu wollen, unsinnig.

Das NLP hat die Ansicht übernommen, dass Wissen ein Wissen über Strukturen ist. Es hat zahlreiche Strukturmodelle entwickelt, mit denen sich gezielt auf die verschiedenen Verarbeitungsebenen zurückgreifen lässt. Ein wichtiges Modell ist das Modell der Repräsentationssysteme.

Eine Kernidee des NLP ist es, mehr auf die formale Repräsentation eines Ereignisses zu fokussieren als auf den Inhalt. Um die formale Repräsentation erfassen zu können, wurden Strukturmodelle wie z.B. das Modell der Submodalitäten entwickelt. Es wird also nicht nur gefragt, was jemand erlebt, sondern auch, ob er das Erlebnis nah oder weit weg sieht, ob er eine Stimme leise oder laut oder schnell hört.

Man nimmt auch im NLP an, dass eine neue formale Repräsentation von Ereignissen zu veränderten Reaktionen führt. Daher werden die Repräsentationen von "guten" oder ressourcevollen Zuständen formal beschrieben und Repräsentationen von "schlechten" Zuständen den guten formal angeglichen. Das bewirkt dramatische gefühlsmäßige Veränderungen auf das ursprünglich "schlechte" Erlebnis.

Auch der Gedanke der "semantischen Reaktion" wurde im NLP übernommen. Zwar gibt es diesen Begriff im NLP nicht direkt. Aber die Idee, dass Wörter nicht mit ihrer Bedeutung identisch sind und dass daher jeder Mensch individuelle Bedeutungen mit einem Wort verbindet, ist für den Kommunikationsbegriff im NLP entscheidend.

Das Meta-Modell trainiert den Anwender systematisch darauf, dass man nicht seine eigenen "semantischen Reaktionen" mit dem, was der andere meint, verwechselt und im Zweifelsfall nachfragt. Auf der Basis dieser Idee konnte das Meta-Modell überhaupt nur entstehen. Das Meta-Modell trainiert die Unterscheidung zwischen schlussfolgernden und beschreibenden Begriffen, zwischen sinnesspezifisch konkret und abstrakt.

Noch mehr als das Meta-Modell fokussiert das erweiterte Meta-Modell des kanadischen Ehepaares Chong auf den Bezug zum aktuellen Geschehen. Das erweiterte Meta-Modell ist stärker an Korzybski orientiert und hat sich vor allem dessen Kritik am Prinzip der Identifikation zu eigen gemacht.

Auch das Milton-Modell macht sich den Gedanken zunutze, dass jeder, der ein Wort oder einen Begriff hört, sich erst mal die eigenen Gefühle, also das, was er mit diesem Wort visuell oder auditiv verbindet, zugänglich machen muss. Je umfassender ein Begriff ist, desto mehr muss er sich zugänglich machen.

Zahlreiche Techniken vermitteln eine neue ressourcevolle semantische Reaktion auf ein Symbol, ein Ereignis.

"Visualisieren" ist laut Korzybski eine Methode, um die tieferen Nervenzentren zu beeinflussen, so dass abstrakte Symbole in Erfahrungen übersetzt werden können. Es gibt keine NLP-Technik, in der nicht in irgendeiner Form "Visualisieren" als Methode eingesetzt wird, um Veränderungen zu erreichen.

Schließlich basiert die Idee des "Ankerns" auch auf dem Gedanken der "semantischen Reaktion". Ein Anker wird gesetzt und ist danach ein bedeutsames Zeichen, auf das der gesamte Organismus mit einem gewünschten Zustand reagiert.

Der Begriff "Kongruenz" ist einer der zentralen Begriffe des NLP Kongruent ist jemand, dessen verbale und nonverbale Äußerungen dasselbe aussagen. Hinter diesem Konzept steht der Begriff der "Übereinstimmung". Diese Idee besagt, dass, wenn jemand optimal das, was er sieht, hört oder fühlt, in Modellen abbildet, ein positiver Zustand entsteht, der sich körperlich manifestiert und daher sichtbar ist. Je besser die Übereinstimmung zwischen allen Teilen eines Menschen, desto kongruenter wirkt er.

In diesem Buch geht es primär um die Sprachmodelle des NLP. Diese basieren auf Weiterentwicklungen, die aus der Linguistik stammen. Sinnvoll eingesetzt werden sie, wenn sie dazu dienen, Identifikation aufzuheben, strukturelle Übereinstimmung zwischen Erfahrungen und den Interpretationen der Erfahrungen herzustellen und die richtige Reihenfolge in der Verarbeitung von Sinneseindrücken zu lehren.

Praktisch alle NLP-Techniken trainieren die Fähigkeit, die verschiedenen Ebenen der Verarbeitung auseinanderhalten zu können. Alle Modelle basieren auf der Vorannahme "Menschen sprechen über das, was sie mental tun".

Das Gehirn wählt unbewusst in den Bruchteilen von Sekunden, in denen visuelle, akustische oder kinästhetische Reize zu sprachlichen

Symbolen verarbeitet werden, die sprachliche Form aus, die das aktuelle Erleben am genauesten abbildet. Das bekannteste Beispiel dafür ist das Modell der Prädikate. Man kann daher anhand der sprachlichen Repräsentation auf den mentalen Prozess zurückschließen. Die Sprachmodelle des NLP haben alle Mehrfachfunktionen.

Sie bieten:

1. erstens die Möglichkeit, vom sprachlichen Verhalten eines Sprechers auf die Strukturen zu schließen, die das Problem generierten,

2. zweitens einen Ansatz, wie angemessene Operationen der Bildung von "Landkarten" mit entsprechend gesunden semantischen Reaktionen gelernt werden können,

3. drittens verbessern sie die kommunikative Kompetenz eines Sprechers, indem sie konkrete Anleitungen für sinnvolle Formen kommunikativen Handelns geben.

Es gibt mehrere Sprachmodelle, die es dem NLP-Praktizierenden ermöglichen, Glaubenssätze im Gespräch ohne den Einsatz einer standardisierten Technik zu verändern:

1. das Modell der Repräsentationssysteme,

2. die Meta-Modell-Fragen und die Fragen des Modifizierten Meta-Modells (Meta-Modell für Glaubenssätze),

3. Präsuppositionen,

4. die Sleight-of-Mouth-Patterns,

5. das Modell der "logischen Ebenen" von Robert Dilts.

Das Modell der Repräsentationssysteme beschreibt die Erfahrungen der vorsprachlichen Ebene und ermöglicht es, diese Ebene im Gespräch zu erreichen und zu beeinflussen.

Das Meta-Modell und das Modifizierte Meta-Modell lehren, sprachliche Äußerungen zu identifizieren, die Glaubenssätze sind, und von sprachlichen Äußerungen zu unterscheiden, die Beschreibungen darstellen.

Präsuppositionen stellen das System von Vorannahmen dar, in welches der einzelne Glaubenssatz eingebettet ist. Sie sind der Hintergrund, auf dem als Vordergrund der einschränkende Glaubenssatz erscheint.

Die Sleight-of-Mouth-Patterns sind rhetorische Mittel. Die formale Struktur von Glaubenssätzen wird mit formalen Mitteln verändert.

Das Modell der logischen Ebenen von Robert Dilts integriert alle vorgestellten Ansätze.

• • • ● • ● • • •

---

1. Leslie Cameron-Bandler, 1985

DAS MODELL DER REPRÄSENTATIONSSYSTEME

571. Irreführende Parallele: Psychologie handelt von den Vorgängen in der psychischen Sphäre, wie Physik in der physischen. Sehen, Hören, Denken, Fühlen, Wollen sind nicht im gleichen Sinne die Gegenstände der Psychologie, wie die Bewegungen der Körper, die elektrischen Erscheinungen, etc., Gegenstände der Physik. Das siehst du daraus, dass der Physiker diese Erscheinungen sieht, hört, über sie nachdenkt, sie uns mitteilt, und der Psychologe die Äußerungen (das Benehmen) des Subjekts beobachtet. (Aus: Ludwig Wittgenstein, Philosophische Untersuchungen, § 571)

Repräsentationssysteme

Das Modell der Repräsentationssysteme ist eines der bekanntesten Modelle des NLP. Es beschreibt, welche Art von Input ein Mensch am höchsten *bewertet* und welche Art ihm am stärksten *bewusst* ist.

Dieses Modell wird häufig als Modell zur Verbesserung der zwischenmenschlichen Kommunikation dargestellt. Das klassische Beispiel dafür ist, dass die eigenen Prädikate im Gespräch an die des Gesprächspartners angeglichen werden.

Es leistet aber erheblich mehr. Das Modell der Repräsentationssysteme gibt eine Möglichkeit an die Hand, festzustellen und präzise zu beschreiben, wie ein Mensch die vorsprachliche Ebene erlebt. Auf der vorsprachlichen Ebene bauen alle weiteren Verarbeitungsschritte auf. Verbale Beschreibungen und Schlussfolgerungen können nur so gut sein, wie die auditiven und kinästhetischen Eindrücke, auf denen sie basieren.

Es beschreibt die Ebene, die Korzybski in seinem Modell die "erste Ebene der Abstraktion" nennt.

Vor mehr als zweihundert Jahren, genauer: 1777, stellte sich der französische Philosoph Etienne Bonnot de Condillac folgende Frage[1]

- Wie würde ein Mensch, der nur und ausschließlich den Geruchssinn zur Verfügung hätte, und das von Geburt an, die Welt erleben? Als was würde er sie empfinden, beschreiben?

- Wie würde ein solcher Mensch die Welt repräsentieren?

Das Resultat seines Gedankenexperimentes war folgendes: De Condillac kam zu dem Schluss, dass für einen solchen Menschen die externe Welt nur aus Gerüchen bestünde.

De Condillac folgerte weiter, dass für diesen Menschen die Prädikate, die sehen, hören und fühlen oder schmecken ausdrücken, nicht präsent sein könnten. Er würde niemals eine Erfahrung äußern können wie: "Das war eine *bittere* Erfahrung für mich!", einfach deshalb, weil er die Erfahrung, wie etwas *bitter* schmeckt, nie gemacht hätte. De Condillac führte dieses Gedankenexperiment noch mit allen anderen Sinnessystemen durch und kam zu dem Schluss, dass Realität durch die Informationen repräsentiert wird, die der Mensch durch seine fünf Sinne gewinnt.

Der Kern – und wichtigste Teil der Idee de Condillacs – war der, dass die Bedeutung eines Wortes verschlüsselte sinnesspezifische Erfahrungen sind.

De Condillac fand den Prozess der Informationsübermittlung durch drei Faktoren bestimmt:

1. Welches Sinnessystem überbringt die Information?

2. Wird die Information eines Sinnessystems bewusst oder bleibt sie unbewusst?

3. Wie wird die Information innerhalb eines Sinnessystems transportiert?

De Condillac stellte fest, dass sich die Erfahrung von Realität für ein Individuum, bei welchem durch irgendeine Manipulation eine oder alle drei Faktoren geändert würden, vollkommen verändern würde.

Obwohl wir alle Repräsentationssysteme nutzen, hat jeder Präferenzen.

Man weiß durch die moderne Hirnforschung, dass es keine Information gibt, die durch ein Sinnessystem "überbracht" wird. Es gibt keinen auditiven Reiz außerhalb des Gehirns, der durch eine Art Kanal das Gehirn erreicht und dort dann "ankommt". Das Gehirn interpretiert die Umweltreize, die durch Sinnes- und Nervenzellen von der Peripherie zum Zentralnervensystem (ZNS) geleitet werden. Diejenigen Reize, die den visuellen Cortex erreichen, werden als "sehen" interpretiert, diejenigen, die den auditiven Cortex erreichen, als "hören".

Wir "sehen", wenn die Photorezeptoren der Augen gereizt werden, denn nicht die Natur des Reizes bestimmt, welcher Reiz als was interpretiert wird, sondern die Rezeptoren, die gereizt wurden. Information entsteht, indem bestimmte Signale interpretiert werden. Diese Funktion des Gehirnes ist völlig unbewusst und nicht willentlich beeinflussbar, denn das Gehirn orientiert sich an seiner eigenen Topologie, um zu wissen, was es als visuellen Reiz und was als auditiven Reiz interpretieren muss, um zu verlässlichen und konsistenten Informationen über die Umwelt zu gelangen.

Wenn einmal ein Reiz als visueller und ein anderer als auditiver erkannt wurde, werden diese Reize über mehrere Stufen weiterverarbeitet, bis schließlich ein winziger Rest der ursprünglichen sensorischen Reize das Bewusstsein erreichen und uns dort als Bilder, Melodien, Gerüche etc. erscheinen. Das Modell der Repräsentationssysteme beschreibt die Entdeckung, dass bei einigen Menschen eher visuelle Reize das Bewusstsein erreichen, bei anderen eher auditive, etc. Einem Menschen werden eher Bilder, dem nächsten Töne, dem dritten Gefühle bewusst. Außerdem kann das kognitive System in einigen Fällen eher "Bilder", in anderen Fällen eher "Töne" und in dritten Fällen eher "Gefühle" verarbeiten.

Das Modell der Repräsentationssysteme ist ein nützliches Modell, das in gewissem Zusammenhang zu neurologischen Vorgängen steht. Es ist ein logisches Modell, das hochkomplexe kognitive und präkognitive

Vorgänge so vereinfacht darstellt, dass sie im therapeutischen Alltag nützlich angewandt werden können.

Die Idee de Condillacs wurde 1925 von Alfred Korzybski aufgenommen. Er schrieb: "Menschen können wir normalerweise grob in vier Typen unterteilen. Einige von uns "denken" besser in visuellen Begriffen (visuelle Typen); einige in auditiven Begriffen (auditive Typen); einige sind eher bewegungsorientierte Typen und andere eher taktile Typen. Extreme Fälle, in denen ein Individuum vollkommen zu einer Klasse gehört, sind selten; bei der Mehrzahl von uns sind in der Regel alle vier Neigungen im Spiel."[2]

In ihrem 1975 erschienenen Buch "Patterns of the Hypnotic Techniques of Milton H. Erickson, M.D., Volume I" beobachteten Bandler und Grinder, die dieses Modell damals bereits kannten, dass der Therapeut Milton H. Erickson seine therapeutischen Erfolge unter anderem damit erzielte, dass er seine Prädikate denen des Klienten anglich, d.h. er sprach mit visuellen Typen in visuellen Prädikaten usw.

In dem 1977 erschienenen Buch "Patterns of the Hypnotic Techniques of Milton H. Erickson, M.D., Volume II" entwickelten Bandler und Grinder das MODELL DER REPRÄSENTATIONSSYSTEME.

De Condillacs Frage[3]: "Welches Sinnessystem überbringt die Information?" wurde folgendermaßen beantwortet: Wir wissen heute, dass das menschliche Bewusstsein nur eine begrenzte Menge von Informationen zu einem bestimmten Zeitpunkt t1 auswerten kann.

Die Menge beträgt etwa 7±2 "Chunks" oder Informationseinheiten. Zu jedem Zeitpunkt t1 wird dem Menschen also eine Summe von Erfahrungen bewusst, die sich mit Hilfe von Variablen beschreiben lassen. Der Rest der von den Sinnesrezeptoren aufgenommenen und vom Gehirn gedeuteten Reize geht nicht verloren, sondern wird im "Unbewussten" gespeichert und kann dem Individuum prinzipiell wieder zugänglich gemacht werden.

Der Fokus der Aufmerksamkeit eines Menschen kann nach außen, aber auch nach innen gerichtet sein. Es müssen nun aber nicht immer alle Sinnessysteme entweder nach außen oder nach innen orientiert sein. Der häufigere Fall ist der, dass jemand externe Informationen mit den Augen aufnimmt und sich gleichzeitig einen inneren Dialog zugänglich macht.

Menschen benutzen mehr oder weniger vergangene Erfahrungen, um ihren aktuellen Erfahrungen Sinn zu geben. Daher erleben die meisten Menschen einen Großteil ihrer Zeit einen psychischen Misch-Zustand, der daraus resultiert, dass ein Teil ihrer Sinne externe Informationen aufnimmt und ein anderer Teil nach innen gerichtet ist.

Aus der vollständigen Menge aller sinnesspezifischen Erfahrungen werden die Informationen eines Sinnessystems herausgefiltert, diese sind dem Individuum bewusster als andere und werden daher *höher* bewertet. Das bedeutet: die Informationen aus diesem System werden für verlässlicher, wahrer, *existenter* gehalten als andere. Trotzdem kann er natürlich auch auf andere Informationen reagieren.

Das Primäre Repräsentationssystem

Das Repräsentationssystem ist das System, dessen Informationen einem Individuum zu einem bestimmten Zeitpunkt am stärksten bewusst werden. Das bevorzugte System eines Menschen nannten Bandler und Grinder das "Primäre Repräsentationssystem".

Wenn nun jemand zu sprechen beginnt, also die Ebene der Beschreibung und Schlussfolgerung erreicht hat, wählt er aus der Menge aller möglichen Worte, die er wählen könnte, um seine Erfahrungen zu beschreiben, genau diejenigen aus, die seinem inneren Erleben am meisten entsprechen. Er beschreibt unbewusst (oder bewusst) seine vorsprachliche Erfahrung mit Prädikaten, die dieser vorsprachlichen Erfahrung am ehesten entsprechen.

Er spricht unbewusst über sein inneres Erleben. Daher kann man von den gewählten Prädikaten[4]teilweise auf das vorsprachliche innere Erleben eines Menschen schließen.

Das System, dessen Reize besonders bewusst werden, erkennt man an den Prädikaten (vor allem: Verben, Adverbien, Adjektive), die ein Mensch benutzt, nämlich an dem Gebrauch hauptsächlich visueller, kinästhetischer, gustatorischer oder auditiver Prädikate bei der Beschreibung eines Erlebnisses oder der Schlussfolgerung aus einem Erlebnis. Prädikate beschreiben die Qualitäten oder Eigenschaften von Dingen oder Prozessen.

- Ein eher visueller Typ würde sagen: Das sah gut aus, erschien mir eine glänzende Idee zu sein, das leuchtet mir ein, ich sehe jetzt klar usw.

- Der auditiv orientierte Mensch würde sagen: Das klingt gut, hat einen guten und klangvollen Namen, das hört sich interessant an, usw.

Entsprechendes gilt für kinästhetische Beschreibungen. Es kann, muss aber nicht so sein, dass jemand in allen Kontexten ein einziges "Primäres Repräsentationssystem" hat. Manche Menschen haben in verschiedenen Kontexten verschiedene "Primäre Repräsentationssysteme". Es handelt sich hier um ein logisches, nicht um ein physikalisches System.

Es ist am leichtesten, mit einem visuellen Menschen zu kommunizieren, wenn man visuelle Prädikate benutzt, mit einem auditiven Menschen, wenn man auditive Prädikate benutzt, Entsprechendes gilt für den kinästhetischen "Kanal". Diese sprachlichen Signale können vom jeweiligen Hörer am leichtesten in die vorsprachliche Ebene zurückübersetzt werden und so für den Hörer bedeutsam werden.

De Condillacs Frage: "Wird die Information eines Sinnessystems bewusst oder bleibt sie unbewusst", beantworteten Bandler und Grinder mit der Unterscheidung zwischen "Leitsystem" und "Repräsentationssystem".

· · · · ● · ● · · ·

Das Leitsystem

Das Sinnessystem, das einem Menschen in einem bestimmten Kontext am stärksten bewusst wird, muss nicht das gleiche sein wie das, das er benutzt, um sich eine Information zugänglich zu machen. Besonders wenn sich jemand internale Informationen, wie Erinnerungen, zugänglich macht, kann es sein, dass jemand sich die Erinnerung in Form von Bildern zugänglich macht, bewusst werden ihm aber nur die dazugehörenden Gefühle.

Das Sinnessystem, mit dessen Hilfe sich ein Mensch Informationen zugänglich macht, nennt man das LEITSYSTEM. E*s handelt sich hier ebenfalls um ein logisches, nicht um ein physikalisches System.*

Die Informationen, die das Leitsystem übermittelt, können bewusst werden, sie müssen es aber nicht. Jemand kann sich ein Ereignis vergegenwärtigen, indem er sich innere Bilder zugänglich macht (visuelle Zugänge innerhalb des Leitsystems), aber bewusst wird ihm das schlechte oder gute Gefühl, mit dem er auf diese Bilder reagiert (kinästhetisches Erleben innerhalb des "Primären Repräsentationssystems").

Ziel der therapeutischen oder beratenden Arbeit ist es, eine Übereinstimmung von Primärem Repräsentationssystem und Leitsystem herzustellen, oder wie man im NLP sagt: Kongruenz. Jemand, der sich interne Bilder zugänglich macht, soll diese auch bewusst sehen können, jemand, der interne Gefühle entwickelt, soll diese bewusst erleben können. Wie er darauf reagiert, ist ein anderes Problem. Bevor nicht jemand bewusst sieht, was er sich zugänglich macht, weiß er nicht, worauf er reagiert.

• • • ● ● • ● • • •

Welches System jemand benutzt, um sich Informationen zugänglich zu machen, kann man an der Körperhaltung, der Gestik, der Atmung und den Augenmustern erkennen. Das Modell der Repräsentationssysteme ist ein Modell, das die Form einer sinnesspezifischen Erfahrung beschreibt. Der Inhalt dieser Erfahrung wird mit diesem Modell nicht erfasst. Das, was auf dem inneren Bild erscheint, das, was der auditive Dialog inhaltlich sagt, das tatsächliche Gefühl von Freude oder Trauer sind die Inhalte der Variablen, "V, A, K, O".

Die Notation des Modells der Repräsentationssysteme

Um notieren zu können, welche Aspekte eines Erlebnisses Menschen zu einem bestimmten Zeitpunkt verarbeiten, übernahmen Bandler und Grinder ein Modell aus der Forschung zur künstlichen Intelligenz. Bei diesem Modell wird für jedes der fünf Sinne eine Variable benutzt. Die Werte der Variablen sind das, was zu einem bestimmten Zeitpunkt t_1 von diesem Sinnessystem erfahren oder ausgedrückt wird. Für die Variablen werden folgende Abkürzungen benutzt:

V – für das visuelle Repräsentationssystem (Sehen)

A – für das auditive Repräsentationssystem (Hören)

K–für das Kinästhetische Repräsentationssystem (taktile und interne Körperempfindungen)

O–für das olfaktorische Repräsentationssystem (Geruch)

G– für das gustatorische Repräsentationssystem (Geschmack)

Um zu markieren, ob jemand gerade externe oder interne Signale verarbeitet, werden folgende Abkürzungen benutzt:

e–external um zu notieren, dass ein Mensch Signale, die von außen kommen, verarbeitet;

i–internal: um zu notieren, dass ein Mensch eher intern erzeugte Signale verarbeitet, d.h. er stellt sich etwas bildlich vor, erinnert sich an ein Geräusch, das er mal gehört hat, usw. Internale Signale können erinnert oder konstruiert sein,

r–ist die Abkürzung für erinnerte Signale

c–ist die Abkürzung für konstruierte interne Signale

Da auditive Signale sowohl rein tonal als auch sprachlich sein können, unterscheidet man zwischen:

d–für digital, um digitales auditives Erleben (Worte) zu notieren;

t–für tonal, um tonales auditives Erleben zu notieren;

• • • ● • ● • • •

In Kombination:

V^e –bedeutet: jemand verarbeitet visuelle Signale, die von außen kommen; z.b.: er sieht einen Kinofilm;

V^i–bedeutet: jemand visualisiert innerlich; z.b: er erinnert sich an einen bestimmten Gesichtsausdruck;

A^e_t–bedeutet: jemand hört Töne aus seiner Umgebung; z.b.: Musik oder eine Autohupe;

A^i_t–bedeutet: jemand hört in sich hinein; z.b.: er erinnert sich an ein Konzert;

A^e_d–bedeutet: jemand hört Gespräche aus seiner Umgebung;

A^i_d–bedeutet: jemand spricht mit sich selbst;

K^e–bedeutet: jemand ertastet oder fühlt etwas, was aus seiner Umgebung kommt;

K^i–bedeutet: jemand macht sich zugänglich, wie sich etwas anfühlt oder ist auf Körpergefühle konzentriert;

K^i_c–bedeutet: jemand stellt sich vor, wie sich etwas anfühlen würde;

K^i_r–bedeutet: jemand erinnert sich, wie sich etwas angefühlt hat.

Entsprechendes gilt für das gustatorische und das olfaktorische System.

Wenn man die vier Variablen V, A, K, O hintereinander schreibt, erhält man das 4-Tupel[5][7] <**V, A, K, O**>.

Ein illustratives Beispiel für das, was mit dem 4-Tupel beschrieben werden kann, ist das Erlebnis "Feuer". Von einem brennenden Feuer kann man die Flammen und das Licht wahrnehmen (V), das Knistern der Flammen (A), die Hitze (K) und den Brandgeruch (O). Die sensorischen Erlebnisse, die mit dem Wort "Feuer" verbunden sind, kann man mit Hilfe des 4-Tupels folgendermaßen aufschreiben:

A_d <V, A, K, O>.

Dabei steht "A_d" für den Begriff und das, was in Klammern steht, für die sensorischen Ereignisse, die mit diesem Begriff beschrieben werden, also das, was man sehen, hören und fühlen kann, wenn man ein Feuer bemerkt.

Das 4-Tupel des Repräsentationssystems, hier abgekürzt mit "R", beschreibt, welche Art von Informationen einem Menschen zum Zeitpunkt t1 am meisten bewusst sind (Prädikate!). Die Erfahrung eines Menschen, der sich vor allem den visuellen Aspekt des Feuers vergegenwärtigt, würde so notiert:

R <V, 0, 0, 0>,

die Erfahrung eines Menschen, der hört und sieht:

R <V, A, 0, 0>,

die Erfahrung eines Menschen, der hört, sieht, fühlt und riecht:

R <V, A, K, O>,

Das 4-Tupel des Leitsystems, hier abgekürzt mit „L", beschreibt, wie sich jemand bestimmte Erfahrungen zugänglich macht. Dieses System sieht man an der Physiologie und den Zugangshinweisen.

Die Notation **L <V 0, 0, 0>** bedeutet, dass sich jemand die visuellen Aspekte einer Erfahrung zugänglich macht, seine Augen blicken also entweder nach oben rechts oder nach oben links.

• • • ● ● ● ● • • •

Modellbildungsprozesse

Der wichtigste Modellbildungsprozess auf der vorsprachlichen Ebene des Wahrnehmungsprozesses ist die Tilgung. Das bedeutet, relevante sensorische Informationen werden nicht bewusst. Das Gehirn muss hinreichend Verlässliches über seine Umwelt erfahren, um ein überlebens- oder lebensförderndes Verhalten zu erzeugen. Wenn zu viele Wahrnehmungen auf der vorsprachlichen Ebene getilgt werden, weil höhere Gehirnzentren nicht gelernt haben, mit diesen Informationen umzugehen, leistet es seine Aufgabe nicht.

Es kommt vor, dass die Informationen eines bestimmten Sinnessystems vollständig von der bewussten Erfahrung ausgeschlossen wurden. Das ist eine Tilgung auf der vorsprachlichen Ebene, die zu fehlerhaften Schlüssen führt. Dann fehlen wichtige Informationen und die darauf aufbauenden Beschreibungen, Schlussfolgerungen und entsprechenden Handlungen werden von diesem Fehlen bestimmt sein. Daher ist es auch ein therapeutisches Ziel, dass möglichst das vollständige 4-Tupel eines Erlebens aufgenommen und verarbeitet werden kann.

Verzerrungen

Wie schon gesagt, ist es logisch möglich, dass die visuell zugänglich gemachten Informationen nicht unbedingt als visuelle Informationen bewusst werden müssen. Es kann also ein Ergebnis geben, bei dem jemand sich visuelle Informationen zugänglich macht, und die dadurch ausgelösten Gefühle oder Töne werden ihm bewusst:

L $<$**V, 0, 0, 0**$>$ wird überführt in **R** $<$**0, 0, K, 0**$>$.

Dann entstehen sogenannte Koppelungen, also z.B. sehen–fühlen, sehen–hören usw. Diese Koppelungen können zwischen internen Repräsentationen (also z.B. $V_i \longrightarrow K_i$) oder externen und internen Repräsentationen (z.B. $V_e \longrightarrow A_i$) stattfinden. Dieses Phänomen nannten Bandler und Grinder "Fuzzy functions", also "unscharfe Funktionen" oder Synästhesien. Solche Koppelungen lassen sich durch den Vergleich von Leit- und Repräsentationssystem feststellen.

Wenn es sich um eine unbewusste Identifikation zweier verschiedener Sinneseindrücke auf der vorsprachlichen Ebene handelt, bestehen keine Wahlmöglichkeiten für verschiedene Arten von Repräsentationen.

Häufig nimmt man in einem solchen Fall nämlich an, dass das beispielsweise visuelle Erleben das ungute Körpergefühl ist.

Ein optimaler Zustand ist erreicht, wenn Leitsystem und Repräsentationssystem einander entsprechen (also V $\longrightarrow$ V, K $\longrightarrow$ K) oder die Fähigkeit erworben wurde, sogenannte Synästhesien bewusst einzusetzen. Wenn jemand fähig ist, seine Gefühle und Gedanken in Musik auszudrücken und daher komponiert, benutzt er Synästhesien in kreativer Weise. In diesem Falle findet aber keine Identifikation auf der vorsprachlichen Ebene statt, weil die Wahl besteht, ob man Synästhesien benutzen möchte oder nicht.

Verbindungen zwischen den einzelnen Repräsentationssystemen

Nach Robert Dilts gibt es zwei typische Arten, die Informationen der verschiedenen Repräsentationssysteme miteinander zu verbinden: *sequentiell* und *gleichzeitig*.

Sequentielle Verbindungen sind z.B.: Ve —▶ Ki —▶ Aid —▶ Vc etc.

Jemand sieht ein Problem (Ve), dieses generiert ein Gefühl (Ki), das wiederum löst eine Frage aus (Aid), die eine visuelle Phantasie auslöst (Vc).

Die gleichzeitigen Verknüpfungen sind Synästhesien, die schon besprochenen Koppelungen, hier ein Beispiel:

A

( )

K

• • • ● • ● • • •

Repräsentationssysteme und Glaubenssätze

Mit dem Modell der Repräsentationssysteme lässt sich also der sinnesspezifische Input und somit die vorsprachliche Ebene rekonstruieren, indem man auf die Augenmuster, Atemmuster und die Physiologie eines Menschen achtet und feststellt, welche Prädikate besonders gut und schnell verstanden werden.

Alle weiteren Ebenen basieren auf dieser Ebene und sind daher von ihr abhängig.

Wenn schon auf der vorsprachlichen Ebene Informationen getilgt wurden, kann man sie nicht beschreiben und man kann dann keine angemessenen Schlussfolgerungen ziehen.

Je reichhaltiger die Landkarte der vorsprachlichen Ebene, desto besser können die Beschreibungen und die daraus gezogenen Schlussfolgerungen sein. Hier wird deutlich, dass die vorsprachliche Ebene unendlich viel reicher ist als die sprachliche und dass immer beim Übergang von der einen Ebene zur anderen sehr viele Informationen ausgelassen werden.

Das Modell macht weiterhin deutlich, dass die vorsprachliche Ebene sich von der Ebene der Worte unterscheidet und deshalb nicht Worte "ist".

Mit dem Modell der Repräsentationssysteme lässt sich feststellen, wie das Verhältnis von dem ist, was jemand sieht, hört oder fühlt und wie er es interpretiert.

Ein Glaubenssatz ist immer eine Deutung dessen, was jemand gesehen, gehört oder gefühlt hat oder jetzt fähig ist, zu sehen, zu hören und zu fühlen.

• • • • •• • • • • •

1. Die Informationen über de Condillac verdanke ich dem kanadischen Ehepaar Chong.

2. Korzybski, Alfred, 1926

3. De Condillac wurde von Bandler und Grinder nicht genannt, vermutlich stammt das Modell der Prädikate von Alfred Korzybski.

4. Der Begriff „Prädikat" wird hier allerdings etwas anders gebraucht, als dies in der traditionellen Grammatik üblich ist. In der traditionellen Grammatik ist das Prädikat ein verbales Satzglied, das zusammen mit dem Subjekt die Grundform des Aussagesatzes bildet. Durch das Prädikat werden in der traditionellen Grammatik auf das Subjekt bezogene Handlungen, Vorgänge und Zustände bezeichnet. Im NLP wird der Begriff „Prädikat" so gebraucht wie in der Logik. Hier sind Prädikate alle sprachlichen Ausdrücke, die zur näheren Bestimmung eines Gegenstandes gebraucht werden können. Sogenannte einstellige Prädikate bezeichnen die Eigenschaften eines Gegenstandes, sogenannte mehrstellige Prädikate stellen Beziehungen zwischen mehreren Gegenständen her, wie z.B. in dem Satz: „Max ist kleiner als Helene." Das Prädikat heißt hier „ist kleiner" und beschreibt eine Beziehung zwischen Max und Helene, nicht eine persönliche Eigenschaft von Max oder Helene. Dieses Prädikat setzt eine visuelle Repräsentation des Sprechers von Max und Helene und ihres Größenunterschiedes voraus.

5. In der Mengenlehre umfasst eine Menge eine bestimmte Anzahl von einzelnen Elementen. Ein Tupel ist ein Element, das aus verschiedenen Komponenten (Einzelteilen) zusammengesetzt ist. Der Begriff wird hier verwendet, um deutlich zu machen, dass eine Erfahrung als eine Menge von Eindrücken (Elementen) aufgefasst werden kann, die wiederum aus den Einzelkomponenten (V, A, K, O) bestehen.

DAS MODIFIZIERTE META-MODELL

119. Die Ergebnisse der Philosophie sind die Entdeckung irgendeines schlichten Unsinns und Beulen, die sich der Verstand beim Anrennen an die Grenze der Sprache geholt hat. Sie, die Beulen, lassen uns den Wert jener Entdeckung erkennen. (Aus: Ludwig Wittgenstein, Philosophische Untersuchungen, §119)

• • • ● • ● • •

Das Meta-Modell

Das Meta-Modell war das erste Modell des NLP. Jede Anwendung einer NLP-Technik durch einen Trainer basiert direkt oder indirekt auf der Fähigkeit, das Meta-Modell anzuwenden.

Das Meta-Modell entstand nach einem Modell, das von Noam Chomsky entwickelt wurde. Es ist ein Modell, bei welchem mehrere Ebenen der sprachlichen Repräsentation von Erfahrung unterschieden werden. Das von 1973 stammende Modell Chomskys unterschied zwischen einer Tiefenstruktur und einer Oberflächenstruktur.

Die Tiefenstruktur stellt die vollständige sprachliche Repräsentation der ursprünglichen Erfahrung dar. Die Oberflächenstruktur ist der von einem Sprecher tatsächlich geäußerte Satz. Die Oberflächenstruktur ist aus der Tiefenstruktur hervorgegangen, indem der Sprecher unbewusst Transformationsregeln anwandte, um die eine Struktur in die andere zu überführen.

Fragen, die über die Tiefenstruktur hinausgehen, erfragen die vorsprachliche Erfahrung.

"Die Tiefenstruktur ist als eine Art Prädikatenlogik formuliert worden: Der Kern einer Aussage, z.B. ‚Vater trinkt' (Proposition), ist das Prädikat ‚Trinken', das eine Reihe von Argumenten hat, nämlich mindestens Subjekt, oft auch Objekt (bei transitiven Verben) und Umstandsbeschreibungen, nämlich Präpositionen des Ortes, der Zeit, des Instrumentes, der Qualität u.a. (...). Die Tiefenstruktur der Aussage

‚Vater trinkt' könnte also folgendermaßen aussehen: TRINKEN (Vater, Alkohol, jetzt, in der Kneipe, mit dem Onkel Jonas).

Aufgrund der prinzipiell unbegrenzten Erweiterungsmöglichkeiten der Argumentenliste rückt die Tiefenstruktur in die Nähe der nonverbalen Repräsentation. Die tatsächlich ausgesprochenen oder als Selbstkommentar gedachten Sätze entstehen durch eine begrenzte Zahl von Transformationen aus der Tiefenstruktur und aus einander.

Solche Transformationen betreffen die Umwandlung von Aktiv in Passiv (Passiv-Transformation), von der Gegenwart in die Vergangenheit (Tempustransformation) und vor allem die Transformation der Tilgung: In dem Satz ‚Vater trinkt' sind fast alle präpositionalen Argumente und sogar das Objekt weggelassen".[1]

Die Beziehung zwischen Oberflächen- und Tiefenstruktur ist durch Überführungsregeln charakterisiert. Wenn man die Oberflächenstruktur eines geäußerten Satzes erkannt hat, kann man mit Hilfe der entsprechenden Regeln auf die Tiefenstruktur und über die Tiefenstruktur hinaus auf die vollständige ursprüngliche Erfahrung des Sprechers von der Welt zurückschließen.

Daraus ergibt sich die Möglichkeit, herauszufinden, welche vollständige sprachliche Repräsentation einer Erfahrung und welche sinnesspezifischen Repräsentationen einer Erfahrung den Begriffen zugrunde liegen, die jemand in einem Satz verwendet und in einem bestimmten Kontext gebraucht.

Es handelt sich hier ebenfalls um ein Modell, auf welchem verschiedene Verarbeitungsebenen unterschieden werden, es ist aber nicht identisch mit Korzybskis Verarbeitungsebenen. Chomskys Modell stellt eine Strukturbeschreibung der verschiedenen Ebenen der sprachlichen Repräsentation von Erfahrung dar. Es ist ein "Wissen über Strukturen".

Das Meta-Modell ist aber keinesfalls nur auf der Basis von Chomskys Modell entstanden. Chomsky ermöglichte die Strukturbeschreibungen von Oberflächen- und Tiefenstruktur. Sehr viele Ansichten über die Arten von Begriffen stammen aus den Untersuchungen der analytischen Philosophie.

Das Modell hilft zu klären, wie ein Sprecher Ausdrücke in einem gegebenen Kontext gebraucht. Es basiert auf der Annahme, dass Begriffe erst in einem definitiven Kontext ihre endgültige Bedeutung erhalten und dass keine Eins-zu-eins-Beziehung zwischen Sprache und Welt existiert.

Daraus ergibt sich, dass gerade bei unspezifischen Begriffen (Generalisierungen) geklärt werden muss, was der Gesprächspartner mit diesem Begriff eigentlich meint. Das Meta-Modell bietet dazu eine Reihe von Fragen an. Der Hörer, dem Meta-Modell-Fragen gestellt werden, wird angeleitet, sich den Unterschied zwischen konkreter Erfahrung und sprachlicher Repräsentation bewusst zu machen.

Die verschiedenen Ebenen der Verarbeitung sind durch Regeln aufeinander bezogen. Das bedeutet, eine Erfahrung wird nicht einfach "irgendwie" sprachlich repräsentiert, sondern sie wird mit Hilfe beschreibbarer Regeln von der Erfahrung zur Repräsentation transformiert. Diese Regeln sind Ausdruck von Modellbildungsprozessen.

Die drei wichtigsten Modellbildungsprozesse sind Tilgung, Generalisierung und Verzerrung. Es gibt also Regeln, die angewandt werden, wenn man etwas tilgen will, Regeln, die angewandt werden, wenn ein konkreter Ausdruck durch einen vagen ersetzt wird, und Regeln, die eine Verzerrung aufzeigen. Alle drei werden weiter unten genauer dargestellt werden.

Anhand der syntaktischen Form der Oberflächenstruktur eines Satzes und anhand der in einem Satz verwendeten Begriffe kann man nachvollziehen, ob jemand eher tilgt, eher verzerrt oder eher generalisiert, wenn er Sinneseindrücke zu konkreten Modellen verarbeitet.

Das Modifizierte Meta-Modell des kanadischen Ehepaars Jennifer Smith Chong und Dennis Chong ist eine Weiterentwicklung, die für die Arbeit mit Glaubenssätzen besonders viele Möglichkeiten bereithält.

Das izierte Meta-Modell lehrt, Strukturen zu erkennen, die auf die Kriterien, Werte und Glaubenssätze eines Sprechers verweisen. Ich habe das erte Meta-Modell und das Meta-Modell dargestellt, so dass der Leser die Unterschiede sehen kann.

$$\cdot \; \cdot \; \cdot \; \bullet \; \bullet \; \bullet \; \bullet \; \cdot \; \cdot \; \cdot$$

Tilgung, Generalisierung und Verzerrung

Die drei Modellbildungsprozesse werden häufig als "Filter" oder "Wahrnehmungsfilter" beschrieben. Das stimmt nur teilweise. Filter haben nur eine einzige Funktion, nämlich die, eine Substanz aus einer anderen herauszufiltern. Ein Kaffeefilter filtert die Kaffeereste aus dem flüssigen Kaffee-Wasser-Gebräu. Der Kaffee ist im Wasser gelöst. Im Falle der Modellbildungsprozesse würde das bedeuteten, dass sie nur die Funktion hätten, schon vorhandene Informationen von anderen zu trennen oder "herauszufiltern".

Tatsächlich handelt es sich um erlernte Methoden, Modelle zu konstruieren. Symbole oder Sinneseindrücke haben, wie dargestellt, "an sich" keine Bedeutung, sie bekommen erst Bedeutung während eines bedeutungsgebenden Prozesses. Welche Bedeutung sie bekommen, entscheidet sich unter anderem durch die Art der angewandten Modellbildungsprozesse. Die Modellbildungsprozesse sind keine "Filter", sondern Methoden auf der Basis von Sinneseindrücken, um Bedeutung zu konstruieren. Ein echter "Filter" ist nur die Operation der Tilgung.

$$\cdot \ \cdot \ \bullet \ \bullet \ \cdot \ \bullet \ \bullet \ \cdot \ \cdot$$

Tilgung

Tilgungen innerhalb des Sprachsystems sind elementare syntaktische Operationen, bei denen auf dem Weg von der Tiefenstruktur zur Oberflächenstruktur einzelne Elemente getilgt werden. Die getilgten Elemente sind grundsätzlich wiederauffindbar. Tilgungen entstehen auf jeder Stufe des Verarbeitungsprozesses vom Sinneseindruck zur Repräsentation der Welt.

Einfache Tilgungen verweisen darauf, dass ein Sprecher einige Elemente seiner Repräsentation einer Erfahrung weggelassen hat und dem Hörer eines Satzes nicht mitteilt. Das kann bewusst oder unbewusst geschehen sein. Dem Hörer fehlen Informationen. Wenn er merkt, dass etwas getilgt wurde, kann er die fehlenden Informationen erfragen. Tilgungen geschehen regelhaft. Die Oberflächenstruktur eines Satzes verweist auf Tilgungen. Daher können die Elemente, die bei der Bildung des Modelles ausgelassen wurden, mit Hilfe dieser Regeln wiedergefunden werden.

Jennifer und Dennis Chong verweisen darauf, dass "Tilgungen" nicht etwas sein können, das erst im Bewusstsein ist und dann "getilgt" wurde. Getilgte Informationen wurden gar nicht erst bewusst aufgenommen. "Getilgt" beschreibt das Verhältnis von dem, was möglich ist, zu dem, was tatsächlich ins Bewusstsein gedrungen beziehungsweise in einem Modell repräsentiert worden ist. Tilgungen verweisen darauf, dass die Landkarte im Verhältnis zum Gebiet unvollständig ist.

Die Chongs schlagen aus diesem Grunde für ihr Meta-Modell den Begriff "Tilgungs-Kanäle" vor, da dieser Begriff nicht die falsche Vorstellung eines "bewussten" Verdrängungsprozesses suggeriert. Tilgungs-Kanäle sind also erlernte Methoden, Eindrücke zu filtern. Diese Filter lassen sich anhand der Oberflächenstrukturen eines Sprechers rekonstruieren. Landkarten mit Tilgungen sind unvollständig.

• • • ● • ● • • •

Generalisierung

In Kapitel 3 wurde dargestellt, wie Begriffe durch Abstraktion entstehen, nämlich indem einige, aber nicht alle Eigenschaften eines Objektes zu einem Begriff zusammengefasst werden. Wenn man die Bedeutung eines Begriffes kennt, verfügt man über ein Verfahren, um das jeweilige Referenzobjekt des Begriffes wiederzuerkennen. Beispiel: Wenn ich weiß, was der Begriff "Haus" bedeutet, kenne ich ein implizites Verfahren, um ein Haus anhand einiger (sogenannter definierender) Merkmale zu identifizieren.

Von der Abstraktion muss die Generalisierung unterschieden werden.

Was tun wir, wenn wir unseren Schrank aufmachen? Wir erkennen Objekte wie Schlipse, Anzüge, Schuhe, Unterhosen, Hemden ... Ohne unsere Fähigkeit zu generalisieren, müssten wir den Schrank den Schlips-Anzug-Schuh-Unterhosen-Hemden-Schrank nennen. Je mehr unterschiedliche Objekte wir im Schrank hätten, desto länger und schwieriger würde der Name.

Unsere Fähigkeit zu generalisieren, erlaubt es, nach etwas zu suchen, was diese Dinge gemeinsam haben. Gibt es ein generelleres Konzept, das Konzepte wie Schuhe, Anzüge usw. einschließt? Ein solches Konzept haben wir, es wird Kleidung genannt. Das Konzept "Kleidung" könnte wiederum in ein umfassenderes Konzept eingeordnet werden, wie "Hausrat".

Eine Generalisierung ist das Ergebnis oder der Akt (die Handlung), bei der ein Konzept unterschieden wurde, das umfassender ist als ein anderes.

• • ● ◉ ● ◉ ● ● •

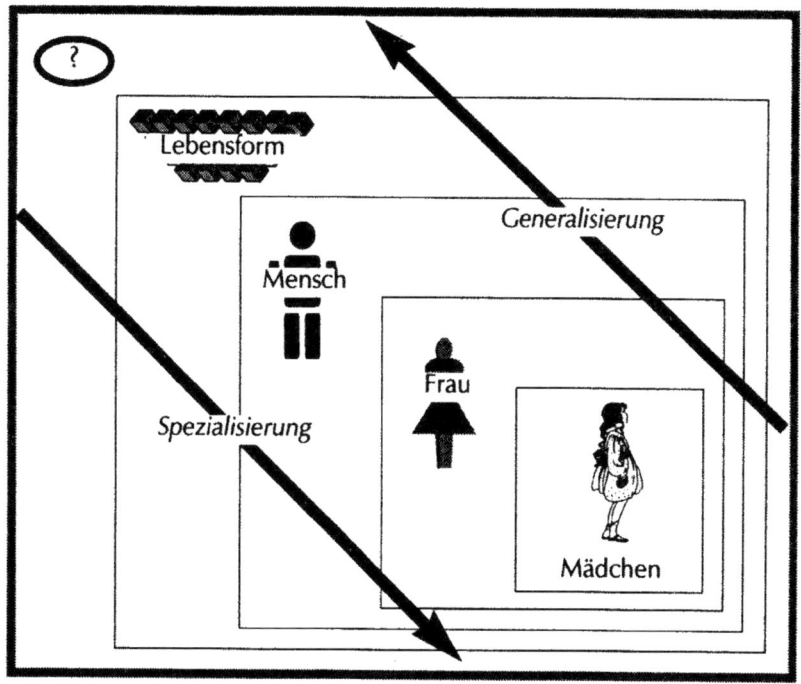

Abbildung 5: Generalisierung und Spezialisierung

• • • ●•●• ● • •

Eine Generalisierung ist keine Abstraktion, sie unterscheidet zwischen Abstraktionen. Die Fähigkeit zu generalisieren befähigt uns zu sagen, dass alle Elemente eines spezifischen Konzeptes auch Elemente des umfassenderen Konzeptes sind, aber nicht umgekehrt. Alle Schuhe und Schlipse sind Kleidung, aber nicht alle Kleidungsstücke sind Schuhe oder Schlipse.

Verzerrung

Karten bilden nicht nur einzelne Elemente ab, sondern auch die Beziehung zwischen den einzelnen Elementen. Korzybskis Kernforderung zu Landkarten war, dass die Landkarte, um nützlich zu sein, dem Gebiet strukturell entsprechen sollte.

Wie gezeigt wurde, gilt gerade für Landkarten innerhalb des Sprachsystems, dass häufig die Beziehung oder Relationen zwischen den Elementen anders abgebildet werden, als dies dem Gebiet entspricht. Wenn jemand die Relationen zwischen einzelnen Elementen erst falsch abbildet und dann annimmt, dass die empirisch erforschbare Welt tatsächlich so konstruiert ist, wie das falsche Modell es darstellt, dann führt das zu Fehleinschätzungen.

Das nennt man eine Verzerrung. Es gibt praktisch keinen Satz, der keine Verzerrung enthält. Eine der wichtigsten Verzerrungen, die wir täglich benutzen, ist die Subjekt-Prädikat-Sprache, wie in Sätzen: "Die Kohle ist teuer." Eine andere Verzerrung sind Identitätsaussagen wie in: "Der Apfel ist eine Frucht."

Eine weitere wichtige Verzerrung ist die Verzerrung eines Ereignisses zu einem Objekt. In diesem Fall wird ein Prozess mit dem selben Typ von Begriffen beschrieben, die wir auch für Objekte benutzen, nämlich mit Substantiven. Das führt dazu, dass ein Ereignis oder ein Prozess, wie z.B. "Leben" als ein Objekt wahrgenommen wird, das man haben und besitzen kann.

Verzerrungen entstehen, wenn neue Ereignisse oder Fakten durch die Brille alter Schlussfolgerungen oder Glaubenssätze wahrgenommen werden. Dann können die Beziehungen zwischen einzelnen Fakten oder Ereignissen nicht wahrgenommen werden und diese werden fehlerhaft zueinander in Beziehung gesetzt.

Eine Verzerrung ist das Ergebnis einer Operation, bei der eine tiefere logische Ebene einer zuvor schon vorhandenen höheren logischen Ebene angepasst wird. In diesem Falle werden neue Daten nicht von unten nach oben zu einem Modell integriert, sondern die höhere Ebene bestimmt, welche Fakten wie gesehen werden.

So entsteht eine Landkarte, bei der Welt und Modell in einem nicht isomorphen Verhältnis zueinander stehen.

• • • • • • • • •

Die unvollständige Landkarte: Tilgungen

Woran erkennt man "Einfache Tilgungen"?
Die wichtigsten Tilgungen beziehen sich auf folgende Elemente:

- Personen: Wer tat etwas?

- Objekt: Wem oder was wurde etwas getan?

- Raum: Wo geschah etwas?

- Zeit: Wann geschah etwas?

- Methode: Wie wurde etwas getan?

- Optionen: Welche Möglichkeiten gab es?

- Anzahl: Wie oft? Wie viel?

Diese Informationen braucht man mindestens, um einen Kontext – innerhalb dessen die Erfahrungen gemacht wurden, die zum unvollständigen Modell führten – zu rekonstruieren.

• • • • ● • ● • • •

Syntaktische Konstruktionen, die auf getilgtes Material hinweisen, sind:

1. Verben,

2. Adjektive und Adverbien,

3. Komparative und (Vergleiche),

4. l-Operatoren.

• • • ● • ● • • •

Einfache Tilgungen bei Verben (Simple Deletions)

Ein Verb muss mit verschiedenen Angaben (Argumenten) kombiniert werden, sonst erscheint uns ein Satz ungrammatikalisch. Die Zahl der Angaben, mit denen ein Verb kombiniert werden muss, damit der Satz grammatikalisch *richtig* ist, kann von der Zahl der Angaben, mit denen ein Verb kombiniert werden kann, abweichen. Wenn nicht alle Angaben gemacht wurden, sind möglicherweise das die Informationen, die den Hörer interessieren.

Beispiel:

<Sie> gibt <mir> <morgen> <in der Stadt> <das Fahrrad >.

Bei dem Verb "geben" müssen nur drei Angaben zum Kontext gemacht werden, nämlich: *Wer* etwas gibt, *was* gegeben wird und *wem* es gegeben wird. Die beiden restlichen Angaben, nämlich *wann* und *wo* etwas gegeben wird, sind freiwillig.

Es ist *grammatikalisch* richtig zu sagen: <Sie> *gibt* <mir> <das Fahrrad >.

Getilgtes Material kann mit folgenden Fragewörtern erfragt werden:

- Worüber?

- Womit?

- Wem gegenüber?

- Was genau?

- Mit wem? Mit was?

- Worum genau?

- Wie viel?

• • • ● • ● • • •

Beispiele für Tilgungen in einfachen Sätzen:

Beispiel: Ich *freue* mich.

Frage: Worauf?

Beispiel: Ich lerne gerne.

Frage: Was *genau* lernen Sie gerne?

• • • ● • ● • • •

Tilgungen bei Adjektiven und Adverbien(Simple Deletions)

Adjektive charakterisieren *Substantive* und bezeichnen daher eine Eigenschaft des Substantivs. Adjektive zeigen grundsätzlich eine Tilgung an. Getilgt wird immer mindestens derjenige, der das Substantiv auf die entsprechende Art und Weise charakterisiert. Es können Tilgungen vorliegen, wenn bestimmte Adverbien ein *Verb* charakterisieren.

Beide Arten von Tilgungen erkennt man, indem man den ursprünglichen Satz eines Sprechers in Gedanken umformuliert und überprüft, ob der neue Satz denselben Sinn ergibt wie der alte.

Beispiel: Ich mag keine *ungenauen* Menschen.

Diesen Satz kann man in einen Haupt- und einen Nebensatz *umformulieren:*

Umformuliert: Ich mag keine Menschen, *die ungenau* sind.

Jetzt merkt man, dass etwas *getilgt* wurde:

Frage: *Wem gegenüber* ungenau? *Worin* ungenau?

Beispiel: Wir sprachen über den *beunruhigenden* Film.

Umformuliert: Wir sprachen über den Film, *der beunruhigend* ist.

Frage: Für wen beunruhigend? Worin beunruhigend?

Wenn der umformulierte Satz das gleiche bedeutet wie der ursprüngliche Satz, liegt eine Tilgung vor. Wenn der umformulierte Satz keinen Sinn ergibt, liegt keine Tilgung vor.

Tilgungen bei Adjektiven und Adverbien werden mit den gleichen Fragewörtern erfragt, wie Tilgungen bei Verben.

$$\bullet \ \cdot \ \bullet \ \cdot \ \bullet \ \bullet \ \bullet \ \cdot \ \bullet \ \cdot \ \bullet$$

Beispiele für Tilgungen bei Adverbien:

Adverbien, bei denen Tilgungen vorkommen können, sind Adverbien wie *"klar"* und *"offensichtlich"* oder mit der Endung *-weise* (z.B.: üblicherweise). Diese Tilgungen erkennt man, wenn man ein *"es ist"* vor das Adverb setzt und der neue Satz den gleichen Sinn ergibt wie der alte.

Beispiel: *Offensichtlich* haben wir die richtige Entscheidung getroffen.

Umformuliert: Es ist *offensichtlich,* dass wir die richtige Entscheidung getroffen haben.

Jetzt merkt man, dass etwas getilgt wurde und kann die fehlende Information erfragen: Für wen ist das offensichtlich?

In einigen Fällen ergibt der neue Satz nicht denselben Sinn wie der alte. Dann liegt keine Tilgung vor.

Beispiel: Ich entfernte mich schnell von der Auseinandersetzung.

Umformuliert: Es ist schnell, dass ich mich von der Auseinandersetzung entfernte.

Der zweite Satz bedeutet nicht dasselbe wie der erste. Es liegt keine Tilgung vor.

· · · ● · ● · ● · · ·

Meta-Modell: Adjektive und Kriterien

Getilgte Kriterien

Das Ehepaar Chong nimmt an, dass die Anwendung eines Adjektivs aufgrund eines Kriteriums des Sprechers geschehen ist. Ein getilgtes Adjektiv oder Adverb ist aus dieser Sichtweise ein getilgtes Kriterium.

Der Gebrauch eines Adjektivs hat seine semantische Berechtigung. Der Sprecher hat bewusste oder unbewusste Gründe dafür, warum er gerade diese Adjektive verwendet.

"Kriterium" bedeutet "Mittel zum Prüfen". Die Frage ist also, nach welchen Richtlinien, auf der Basis welcher Evidenzen hat jemand ein Objekt oder Ereignis geprüft und entsprechend charakterisiert.

Wenn das Kriterium beispielsweise "Genauigkeit" ist, dann nimmt man im NLP an, dass es eine Kriterien-Äquivalenz gibt, nämlich: Was genau bedeutet für jemand "Genauigkeit", wie stellt er fest, ob etwas genau oder ungenau ist.

• • • ● ● ● ● • •

Das Modifizierte Meta-Modell

• Was ist deine/Ihre Evidenz dafür, dass jemand ungenau ist?

• Was ist deine/Ihre Evidenz dafür, dass ein Film beunruhigend ist?

Welches Kriterium wendest du an, um das festzustellen?

• • • ● • ● ● • •

Tilgungen bei Komparativen und Superlativen (Comparitive Deletions)

Komparative und Superlative (gesteigerte Adjektive) bezeichnen einen Vergleich zwischen zwei Erfahrungen oder Gegenständen. Häufig wird die Vergleichsbasis vom Sprecher nicht genannt.

Die Meta-Modell-Frage, um das getilgte Material (also die Vergleichsbasis) wiederzugewinnen, ist: Im Vergleich zu wem? Im Vergleich zu was?

Beispiel: Der Michael ist einfach *besser.*

Frage: Im Vergleich *zu* wem?

Beispiel: Das *noch* schnellere Auto.

Beispiel: Das beste Deo. Der größte Künstler. Usw.

Fehlende Informationen bei Komparativen und Superlativen können auf die gleiche Art und Weise erfragt werden:

Im Vergleich zu wem?

Im Vergleich zu was?

In Bezug auf wen?

In Bezug auf was?

Es fällt auf, dass mit diesen Fragen nach einem anderen Element innerhalb derselben Menge gefragt wird. Das noch schnellere Auto wird verglichen mit einem schnellen Auto, also einem Element der Menge von Autos. Man kann nun genauso gut nach der Menge und nicht nur nach einem einzelnen Element fragen. Das tut das Modifizierte Meta-Modell.

Superlative und Modifiziertes Meta-Modell

Das Modifiziertes Meta-Modell fragt nicht nach einer einzigen Vergleichsbasis, sondern nach der Menge, deren Element der Superlativ ist.

Beispiele:

Das ist das beste, was ich je erlebt habe.

Meta-Modell: Im Vergleich zu was? (Frage nach einem Element.)

Modifiziertes Meta-Modell: Innerhalb welcher (Menge von) Erlebnisse(n)?

Das ist das schlimmste, was mir je passiert ist.

Meta-Modell: Im Vergleich zu was?

Modifiziertes Meta-Modell: Innerhalb welcher (Menge von) Ereignisse(n)/ Erlebnisse(n)?

Das ist das schnellste Auto.

Meta-Modell: Im Vergleich zu was? Zu wessen Auto?

Modifiziertes Meta-Modell: Innerhalb welcher Menge von Autos? Ihrer? Die Ihrer Straße, Ihrer Nachbarn?

Die Fragen des Meta-Modell adressieren eine andere logische Ebene (sie fragen nach einem anderen Element einer Menge) als die Fragen des Modifizierten Meta-Modells (sie fragen nach der gesamten Menge). Die Antworten, die auf Fragen des Meta-Modells und diejenigen, die auf Fragen des Modifizierten Meta-Modells gegeben werden, werden daher unterschiedlich sein. Welche Frage man stellen sollte, hängt vom Kontext ab und davon, welche Information gebraucht wird.

• • • ● • ● • • •

Modaloperatoren (Modal operators)

Glaubenssätze über Grenzen

Modaloperatoren sind die Verben: wollen, sollen, müssen, dürfen, können und mögen. Diese Verben werden auch Modalverben genannt.

Modalverben modifizieren den Inhalt eines anderen Verbs. Sie beleuchten die Rolle des Subjektes in einem Satz. Sie drücken aus, ob jemand die Möglichkeit, die Fähigkeit, den Wunsch oder Willen hat, etwas zu tun. Sie bestimmen, ob jemand die Erlaubnis oder die Pflicht hat, etwas zu tun, oder ob es einfach notwendig ist, dass etwas getan wird. Sie zeigen also an, unter welchen Bedingungen nach Ansicht des Sprechers eine Handlung stattfindet.

Modalverben sind Anzeichen für verinnerlichte präskriptive Regeln (s. Kap. 7). Beispiel: "Gehe nicht bei Rot über die Ampel." Diesen Satz kann man umformulieren in: "Du sollst nicht bei Rot über die Ampel gehen."

Man kann die Modalverben grob in zwei Arten unterteilen: Modaloperatoren der Notwendigkeit und Modaloperatoren der Möglichkeit.

Modaloperatoren der Notwendigkeit

Linguisten nennen die folgenden Wörter *Modaloperatoren der Notwendigkeit:* müssen, notwendig sein, sollen u.a.

Diese Verben drücken Notwendigkeit oder Pflicht aus. Ein Sprecher, der einen Satz mit einem solchen Modaloperator bildet, sagt, dass es seiner Ansicht nach notwendig ist, dass etwas getan wird.

Präskriptive Regeln werden über Autorität durchgesetzt. Wer gegen eine präskriptive Regel verstößt, erleidet häufig irgendwelche Konsequenzen. Im Falle der roten Ampel ist es die Straßenverkehrsordnung, es gibt aber auch präskriptive Regeln wie: "Du sollst nicht gesund sein." Eine solche präskriptive Regel wird in Kontexten erlernt und verinnerlicht, in welchen nur im Krankheitsfalle Zuwendung gegeben wurde. Menschen, die eine solche Regel verinnerlicht haben, sind ihr ganzes Leben lang mehr oder minder krank.

Die früher einmal erfahrene Konsequenz für die Nichteinhaltung einer Regel wie: "Du sollst nicht gesund sein!" war mangelnde

Zuwendung. Aus dem Modell des Sprechers ist diese Art Konsequenz meistens getilgt. Damit eine neue Regel gelernt werden kann, muss sie aber zuerst bewusst werden.

Die Fragen des Meta-Modells zielen darauf, die (negative) Konsequenz bewusst zu machen.

Beispiel: Man *muss* immer erst krank werden, bevor man mal Ruhe hat.

Frage: *Sonst passiert was?*

Oder: *Was passiert, wenn Sie Ihre Ruhe haben wollen und nicht krank sind?*

Antwort: *Sonst kümmert sich ja keiner!*

Modaloperatoren der Notwendigkeit können folgendermaßen erfragt werden: *Sonst ... was?*

Wenn jemand in einer Aussage Modaloperatoren der Notwendigkeit verwendet, zeigt er an, dass nach Ansicht des Sprechers etwas Bestimmtes geschehen wird, wenn eine Aktion ausgeführt oder nicht ausgeführt wird.

$$\bullet \cdot \bullet \cdot \bullet \cdot \bullet \cdot \bullet \cdot \bullet \cdot \bullet \cdot \bullet \cdot \bullet$$

Modifiziertes Meta-Modell und Modaloperatoren der Notwendigkeit

Die Chongs beschreiben Superlative innerhalb des Modifizierten Meta-Modells so, dass der Sprecher nicht irgendeine konkrete Auswirkung im Kopf hat, nach der sinnvoll gefragt werden könnte. Er stellt sich meistens ein bestes oder schlimmstes Szenario vor, welches eintreten wird, wenn eine Aktion (nicht) ausgeführt wird. Die Frage ist also:

Modifizierte Meta-Modell-Frage: Was ist das Beste/das Schönste, was geschehen wird, wenn die Aktion (nicht) ausgeführt wird?

Beispiel: Man *muss* immer erst krank werden, um mal seine Ruhe zu haben.

Modifizierte Meta-Modell-Frage: Was ist das Schlimmste/das Beste, was geschehen wird, wenn Sie nicht mehr krank werden?

Auf diesem Wege finden die Fragen des Modifizierten Meta-Modells heraus, was das hoch bewertete *Kriterium* eines Sprechers für ein bestimmtes Verhalten ist. Die Fragen des Meta-Modells erforschen die vom Sprecher angenommene *Konsequenz* für ein bestimmtes Verhalten.

Beispiel: *Ich muss meine Freundin sehen.*

Meta-Modell-Frage: Was geschieht sonst?

Meta-Modell-Antwort (z.B.:): *Sie wird wütend werden.*

Modifizierte Meta-Modell-Frage: Was ist das Schlimmste, was passieren wird, wenn Sie Ihre Freundin nicht sehen?

Modifizierte Meta-Modell-Antwort (z.B.:) *Sie wird traurig werden.*
Modifizierte Meta-Modell-Frage: Was ist das Beste, was passieren wird, wenn Sie Ihre Freundin sehen?
Modifizierte Meta-Modell-Antwort (z.B.:) *Sie wird sich freuen.*

Mit den Modifizierten Meta-Modell-Fragen findet man also heraus, dass das Kriterium des Sprechers für ein bestimmtes Verhalten der interne psychische Zustand der Freundin ist. Das vom Sprecher hoch *bewertete Kriterium* ist Sorge/Verantwortungsgefühl für den psychischen Zustand eines anderen.

Die Antworten, die man mit Hilfe der Modifizierten Meta-Modell-Fragen erhält, bieten andere Informationen als die Antworten, die durch Meta-Modell-Fragen gewonnen werden.

· · · ● · ● · · ·

Modaloperatoren der Möglichkeit

Modaloperatoren der Möglichkeit sagen aus, was aus der Perspektive eines Sprechers gesehen möglich bzw. nicht möglich ist. Sie verweisen auf die Erlaubnisse, etwas zu tun, die jemand aufgrund präskriptiver Regeln hat, und welche Erlaubnisse er nicht hat.

Solche Modaloperatoren sind: *möglich, nicht möglich, können, nicht können, dürfen, nicht dürfen, unmöglich, außerstande u.a.*

Hier fragt das Meta-Modell nach dem Grund dafür, warum etwas möglich beziehungsweise unmöglich ist:

Beispiel: Es ist *unmöglich*, jemanden zu finden, der wirklich sensibel ist.

Frage: *Was verhindert,* dass Sie jemanden finden, der wirklich sensibel ist?

Antwort: Die meisten Menschen sind eben unsensibel.

Tilgungen bei Modaloperatoren der Möglichkeit werden folgendermaßen erfragt:

Frage: *Was verhindert ... ?*

Was macht unmöglich, dass ... ?

Implizit fragt das Meta-Modell hier nach einer bestimmten Ursache, die einen bestimmten Effekt eintreten oder nicht eintreten lassen wird.

Die obige Frage lässt sich folgendermaßen umformulieren: *Was ist die Ursache dafür, dass Sie jemanden finden, der wirklich sensibel ist?*

Eigentlich wird hier gefragt "Warum": Warum finden Sie niemanden, der wirklich sensibel ist?

Damit bekommt der Frager einen Glaubenssatz zur Antwort.

• • • ● • ● • • •

Modifiziertes Meta-Modell: virtuelle Grenzen

Im Modifizierten Meta-Modell nimmt man an, dass die Frage nach Ursache-Wirkungs-Zusammenhängormt ist, dass sie etwas wie "Schuld" impliziert.

Das Modifizierte Meta-Modell bezeichnet Modaloperatoren der Möglichkeit als Indikatoren für virtuelle (das meint vom Sprecher geschaffene) Grenzen. Man kann etwas in einem bestimmten Kontext oder man kann es nicht.

Gefragt wird mit Modifizierten Meta-Modell-Fragen nach den Umständen oder der Basis für die Art und Weise, unter denen der Sprecher etwas kann oder nicht kann.

Die Fragen des Modifizierten Meta-Modells sind in diesem Falle:

1. Was wird der schlimmste/beste Fall sein, der eintritt?

2. Was ist die Basis, die Evidenz, die Rechtfertigung für diese Aussage?

3. Worüber machen Sie sich die meisten Sorgen?

4. Was ist für Sie geschehen, dass Sie das sagen?

• • • • • • • • •

Beispiel: Ich kann niemanden finden, der wirklich sensibel ist.

Modifizierte Meta-Modell-Frage: Worauf gründen Sie diese Annahme?

Modifizierte Meta-Modell-Antwort: Immer, wenn ich gerade mal was sage, geht es schief. Das passiert mir dauernd.

Modifizierte Meta-Modell-Frage: Was ist für Sie geschehen, dass Sie das annehmen?

Modifizierte Meta-Modell-Antwort: Ich habe irgendwie meine Bedürfnisse mitgeteilt, aber man ist nicht darauf eingegangen. Ich bin ja nicht die Beste darin, zu sagen was ich will, ich deute das immer nur vorsichtig an, aber ich finde, man könnte darauf eingehen und wissen, was ich will.

Die Antworten des Modifizierten Meta-Modells sind in diesem Falle erheblich produktiver für den Fortgang des Gespräches, weil sie den Gefragten nicht zwingen, auf implizite "Warum-Fragen" zu antworten, die nur Rechtfertigungen oder Erklärungen erbringen würden.

Das Modifizierte Meta-Modell will wissen, wie die Bedingungen für eine virtuelle Grenze geschaffen werden. Was sind die Gründe, damit jemand annimmt, dass ein Modaloperator der Möglichkeit eine angemessene Beschreibung seines Modelles von Welt ist.

Die Landkarte mit falschem Maßstab: Verzerrungen

Nominalisierungen (Nominalizations)

en werden Substantive genannt, die von Prozesswörtern abgeleitet sind. Beispiele: die Liebe – lieben, das Leben – leben.

Das Konzept der "Nominalisierung" besagt, dass ein Prozess mit Hilfe einer sprachlichen Form repräsentiert, also verzerrt wurde, die der Form ähnelt, mit der Objekte bezeichnet werden. Beispiele: die Liebe – das Haus.

Der Begriff "Haus" steht für materiell existierende Objekte, der Begriff "Liebe" für die Erfahrung und Interpretation von Signalen, die Gefühle auslösen.

Nominalisierungen fördern eine Haltung, die Prozesse als Objekte betrachtet. Der Prozess des sich-liebens wird als statisches Objekt mit Eigenschaften beschrieben. Von diesen Eigenschaften wird angenommen, dass sie statisch, zeit- und raumunabhängig sind, aber ein Prozess verläuft immer in einem Raum, zu einer bestimmten Zeit und verändert sich ständig. Das bedeutet, er kann keine "festen" oder "endgültigen" Eigenschaften haben wie ein Objekt.

Nominalisierungen haben keine festgelegte Bedeutung. Ihre Bedeutung ergibt sich ausschließlich aus dem Kontext, in welchem sie verwendet werden.

Nominalisierungen sind Indikatoren dafür, dass ein dynamischer, veränderlicher Prozess zu einem statischen Symbol abstrahiert wurde. Sie sind vom "Gebiet" sehr weit entfernt.

Wenn Prozesse nominalisiert wurden, werden sie häufig als Objekte erlebt. Es wird auf Prozesse intellektuell und emotional so reagiert wie auf ein statisches Objekt, etwas, was man haben kann und dem man Eigenschaften zuweisen kann, die das Objekt hat. Das führt zu Versuchen, zu bestimmen, was z.B. "die Ökologie" "wirklich ist", anstatt sich zu fragen, wie ein ökologischer Prozess in einem bestimmten Kontext aussehen würde.

Diesen abstrakten Substantiven liegen auf der Ebene der Tiefenstruktur Prozesswörter (vor allem Verben) zugrunde. Eine Nominalisierung entsteht, wenn ein Prädikat (ein Verb, ein Adjektiv, ein Adverb) zu einem Hauptwort verzerrt wird.

Beispiel: Die Entscheidung bedrückt mich.

In diesem Satz tut der Sprecher so, als sei "Entscheidung" etwas Abgeschlossenes, etwas, was einmal "gefallen" ist.

Sein Problem wäre vielleicht schon gelöst, wenn er "Entscheidung" wieder als Prozess erleben könnte.

Beispiel: Ich habe mich damals *entschieden,* y ... zu tun, aber jetzt habe ich etwas Neues gelernt und *entscheide* mich, x ... zu tun.

Im Beispielsatz erfährt der Hörer nicht, was eigentlich entschieden wurde und wer entschieden hat. Diese Informationen sind getilgt worden.

Nominalisierungen verweisen auf zwei Einschränkungen im Modell des Sprechers:

1. Viele Elemente der ursprünglichen Erfahrung sind aus dem Satz verschwunden, sie sind getilgt worden;

2. Prozesse wurden vergegenständlicht, d.h. verzerrt.

Alle Nominalisierungen sind Ausdruck der Tatsache, dass ein Prozess als etwas Statisches wahrgenommen wird.

Wie denominalisiert man?

Um eine Nominalisierung in einen Prozess zurück zu verwandeln, kann man prüfen, ob es ein ähnlich klingendes Verb, Adjektiv oder Adverb gibt und dies in einer Gegenfrage benutzen:

Beispiel: Das *Leben* ist hart.

Frage: Wer *lebt* so, dass *was* für *wen* hart ist?

• • • • ● • ● • • •

Die problematische Rolle, die die Identifikation bei der Bildung adäquater Landkarten spielt, wurde schon in Kapitel 3 dargestellt. Das Modifizierte Meta-Modell lehnt daher alle Aussagen von der Form "X ist Y" ab.

Wenn zwei Gegenstände als in allen Aspekten miteinander identisch beschrieben werden, liegt eine Identifikation von Beschreibung und Gegenstand vor. Korzybski wies daraufhin, dass der Gebrauch des "ist" in den verschiedenen Aussagetypen immer wieder die semantische Reaktion von Identität trainiert, die eine fehlgeformte Landkarte darstellt.

Das Modifizierte Meta-Modell lehnt sowohl attributive als auch sortale Aussagen im Zusammenhang mit der Bezeichnung eines Menschen ab.

Die Begründung für diese Ablehnung ist die, dass sich Menschen mit dem über sie Ausgesagten identifizieren könnten. Unbewusst könnte jemand annehmen, dass er das, als was er bezeichnet wurde, wirklich "ist" und dann zur lebenden Metapher dieser Aussage werden.

Die beiden wichtigsten Aussagetypen, in denen das "ist" auf eine Weise vorkommt, die zu Identifikationen führen können, sind:

Attributive Aussagen

Attributive Aussagen antworten auf die Frage: "Wie ist etwas?"
Die jeweiligen Referenzgegenstände des Subjektes werden durch das Prädikat charakterisiert.

* Modifiziertes Meta-Modell: Wie ist sie?

* Modifiziertes Meta-Modell: Sie ist fröhlich.

• • • • ● • ● • • •

Sortale Aussagen, sie antworten auf die Frage: "Was ist etwas?"

Durch sortale Aussagen wird ausgesagt, dass das Individuum ein Element oder ein Beispiel für eine bestimmte Menge von Individuen ist.

* Modifiziertes Meta-Modell: Was ist eine Katze?

* Modifiziertes Meta-Modell: Eine Katze ist ein Tier.

Auf Sätze mit Identifikations-Aussagen kann der Kommunikationspartner folgendermaßen reagieren:

1. Wie genau meinst du ...?

2. Was genau ist deine Evidenz dafür, dass du annimmst, dass ...?

3. Wie genau ist ...?

4. Was genau ist deine Garantie ...?

Es wird also die sinnesspezifisch-konkrete Erfahrung erfragt oder wissenschaftlicher ausgedrückt: Es wird nach der empirischen Basis für eine Aussage gefragt.

An dieser Stelle möchte ich einen weiteren Vorschlag machen, wie man auf sortale und reagieren kann.

Batesons Kritik an attributiven Aussagen wie: "Herr X ist fatalistisch" ist, dass Adjektive wie "fatalistisch" nicht eigentlich eine an Herrn X "dranhängende" Eigenschaft beschreiben, sondern das Resultat einer bestimmten Art von Wechselwirkung mit einer Umgebung.

Eine Möglichkeit, auf diese Aussagen zu reagieren, ist also: Für wen? Für wen bist du X?

Beispiel: Ich bin traurig.

Frage: Für wen bist du traurig?

Beispiel: Ich bin ein Prinz.

Frage: Für wen bist du ein Prinz? Wer möchte dich als Prinzen?

· · · ● ● ● ● ● · ·

Landkarte ohne Gebiet: Dispositionsprädikate

Hier möchte ich einen speziellen Typus von Aussagen vorstellen, nämlich Aussagen über die Möglichkeit von Dingen, auf bestimmte Einflüsse zu reagieren. Diese Aussagen programmieren uns auf das, was wir zukünftig für möglich oder unmöglich halten.

Beispiel: Zucker ist löslich, Glas ist zerbrechlich und Holz ist brennbar. – Die Würde des Menschen ist unantastbar/ist antastbar. – Krebs ist unheilbar.

Wenn man sagt: "Zucker ist löslich", dann benutzt man ein sogenanntes Dispositionsprädikat. Prädikate wie "brennbar", "löslich" und "zerbrechlich" bezeichnen jene Eigenschaften von Gegenständen, die sie dazu disponieren, auf bestimmte Einflüsse entsprechend zu reagieren. Sie brennen, lösen sich auf, zerbrechen.

Wenn ich sage: "Der Zucker in meiner Hand zerkrümelt", oder: "Das Glas an meiner Fensterscheibe ist beschlagen", dann spreche ich über das, was die Dinge wirklich tun, was sichtbar und unproblematisch geschieht.

Dispositionsprädikate bezeichnen ein unsichtbares Vermögen, das nur als "latentes Prinzip" angenommen werden kann und auch über die Möglichkeit verfügt, sich nicht zu verwirklichen. Nicht alles Brennbare brennt, nicht alles, was löslich ist, löst sich auf.

Dass Zucker löslich ist, wissen wir aus Experimenten, und wir können ein Verfahren angeben, um diese Aussage zu testen.

Im Falle der Aussage "X ist löslich" ist dieses Verfahren: Wenn X in Wasser gegeben wird, dann ist es wasserlöslich genau dann, wenn es sich auflöst, und nicht löslich, wenn es sich nicht auflöst.

Die Frage, ob ein Satz ein Dispositionsprädikat enthält oder nicht, kann man folgendermaßen entscheiden: Man bildet einen neuen Satz mit dem alten Verb und fügt ein "kann" ein. Wenn der neue Satz einen Sinn ergibt, handelt es sich um ein Dispositionsprädikat.

Beispiel: Zucker ist löslich – Zucker kann in Wasser gelöst werden.

Gegenbeispiel: Wasser ist flüssig – Wasser kann geflüssigt werden.

Beispiel: Wasser ist gefrierbar – Wasser kann gefroren werden.

Dispositionsprädikate sind wie eine Landkarte, die auf keinem realen Gebiet basiert. Dispositionsprädikate bezeichnen das Mögliche, nicht das Faktische.

Dispositionsprädikate besagen, dass ein Gegenstand sich unter Umwelteinfluss so und so verhalten wird, in der Zukunft. In der Gegenwart gibt es dafür keine Evidenz.

Um diese Sätze zu verifizieren, muss man ein Verfahren angeben können, eine Test-Methode, und darauf bauen die folgenden Fragen auf:

Beispiel: Krebs ist heilbar.

Frage: Wie muss man sich verhalten, damit Krebs heilt?

Was muss man tun, damit diese Aussage wahr wird?

Beispiel: Krebs ist unheilbar.

Frage: Welches Verfahren kennen Sie, mit dessen Hilfe man sicher feststellen kann, dass Krebspatienten sterben müssen?

• • • ● • ● • • ·

Modifiziertes Meta-Modell: Phantasie

Phantasien sind nach dem Modifizierten Meta-Modell eine Fehlanpassung gegenüber dem aktuellen Prozess. Das ist der Fall, wenn gegen jede empirische Evidenz etwas erträumt oder behauptet wird. Wenn man darauf besteht, dass die Erde eine Scheibe ist, dann ist das Phantasie. Wenn man bestreitet, dass die Evolution existiert, dann ist das Phantasie. Abhängigkeit ist eine Phantasie, weil es letztlich keine Retter gibt. Es gibt nur einen Schutz gegen Phantasie: Rigoros die sinnesspezifisch-konkreten Erfahrungen für das, was man denkt einzufordern.

Die vage Landkarte: Generalisierungen

Nebelwände erkennen!

Die *Nebelwand* ist nach Robert Dilts eines der Mittel, mit dessen Hilfe unangenehme und schmerzende Glaubenssätze verborgen werden.

Dilts schreibt: "Dieses Phänomen ähnelt dem, was James Bond tut, wenn sich Bösewichte nahem: Er drückt auf einen Knopf, aus dem hinteren Teil des Autos strömt Nebel, und er kann entfliehen. Sehr oft, insbesondere, wenn ein Glaubenssatz mit etwas sehr Tiefem und Schmerzhaftem assoziiert ist, produzieren Menschen eine solche Nebelwand".[2]

Ein Indikator für "Nebelwände" sind Sätze, die fehlende Bezugsindizes, unspezifische Verben und Universalquantoren enthalten.

• • • ● • ● • • •

Fehlender (Lack of Referential Index)

Von "fehlendem Bezugsindex" spricht man, wenn ein Sprecher einen Satz bildet, in dem er die Sache oder die Person, von der der Satz handelt, nicht genau benennt, sondern von einer ganzen Klasse von Gegenständen oder Menschen spricht. Das umfassendere Konzept hat weniger Eigenschaften als das spezielle und gerade die Eigenschaften, die das spezielle Element mehr hat, können die sein, die unangenehme Gefühle im Sprecher auslösen.

Die Substantivgruppen dieser Sätze sind *unspezifisch* oder die Substantive sind durch *Pronomen* ersetzt. Unspezifisch ist jede Substantivgruppe, aus der "Wer" oder "Was" so getilgt wurden, dass man nicht mehr weiß, von wem oder was der Sprecher genau spricht.

Beispiel: Konkrete Erfahrung: *Nora* hat mich verlassen.

Generalisierung: *Frauen* mögen mich nicht.

Häufig "vernebelt" ein Sprecher auch ein konkretes, ihm vielleicht unangenehmes Ereignis oder eine Erfahrung mit Hilfe von " fehlenden Bezugsindizes". Der Hörer kann dann nicht richtig ermitteln, über wen oder was der Sprecher eigentlich redet.

Beispiel: *Die Leute* haben was gesagt, was ich dann irgendwie auch wieder nicht so gut fand.

Auf fehlende Bezugsindizes kann man folgendermaßen reagieren: *Wer genau? Was genau?*

Universalquantoren (Universal Quantifiers)

Es gibt Landkarten, die einen Ausschnitt aus dem Gebiet zeigen, aber beanspruchen, das ganze Gebiet abzubilden. Aussagen, die für immer (alle Zeit), für überall (alle One), für jeden (alle Menschen) gelten sollen, enthalten Universalquantoren.

Universalquantoren sind Wörter wie: immer, jeder, alle, überall, sämtliche, u.a.

Negierte (verneinte) Universalquantoren sind Wörter wie: nie, niemals, nirgends, kein, niemand, nichts, keiner, u.a.

Universalquantoren haben keinen Bezugsindex. Sie verweisen auf eine *Generalisierung* im Modell des Sprechers.

Universalquantoren sagen, dass etwas überall, immer oder nirgends wahr ist. Das, was an einem einzigen Ort zu einer bestimmten Zeit geschehen ist, wurde generalisiert. Das, was ausgesagt wurde, geschieht angeblich an allen Orten, zu aller Zeit usw. Der Gültigkeitsbereich von Aussagen wird nicht eingeschränkt.

Beispiel: Meine Beziehung mit dem Mann ... /der Frau ... war unglücklich.

Alle meine Beziehungen sind *immer* unglücklich.

Ich werde mich *immer* von Beziehungen fernhalten.

Fragen, mit denen man auf Sätze, die Universalquantoren enthalten, reagieren kann, sind:

- Man setzt in den Satz des Sprechers weitere Universalquantoren ein, um diesen Satz so zu übertreiben, dass der Sprecher bemerkt, dass die Generalisierung nicht gültig ist und dem Fragenden widerspricht.

Beispiel: Ich kann *niemandem* trauen.

Frage: Gibt es wirklich überhaupt *niemanden*, dem Sie *jemals* trauen konnten?

Beispiel: Ich war so verängstigt, dass es mir unmöglich war, noch irgendwelche Überlegungen anzustellen.

Frage: Also Sie konnten wirklich überhaupt nicht mehr gar nichts denken?

- Man kann auch direkt nach der ursprünglichen Erfahrung fragen (und direkt nach einem Gegenbeispiel).

Beispiel: Ich kann *niemandem* trauen.

Frage: Von wem wurde Ihr Vertrauen missbraucht? Wem können Sie nicht trauen? Gibt es einige Menschen, denen Sie trauen können?

• • • • ● • ● • • •

Unspezifische Verben (Unspecified verbs)

Genau wie in vielen Sätzen nicht konkret bezeichnet wird, wer eigentlich genau etwas tut, wird ebenfalls nicht konkret bezeichnet, wie jemand etwas tut.

Unspezifische Verben sind solche, bei denen sehr viele charakteristische Merkmale des Prozesses, den sie beschreiben, getilgt wurden, z.B.: machen, tun, berühren, gehen (statt rennen, laufen, schlendern) usw.

Wer ein unspezifisches Verb gewählt hat, hat das umfassendere Konzept anstatt des konkreteren gewählt. Das Verb bezeichnet den Vorgang nur vage. Die meisten konkreten Eigenschaften des konkreten Vorganges sind weggelassen worden. Da ein unspezifisches Verb nur sehr wenige Merkmale eines Prozesses beschreibt, ist es möglich, mit einem solchen Verb auf sehr viele ganz verschiedene Vorgänge zu referieren. Meistens jedoch wird aus dem Satz, in welchem sie stehen, klar, welcher Vorgang genau gemeint ist.

Häufig ist es jedoch nötig, genau zu spezifizieren, wie ein Prozess verlaufen ist.

Unspezifische Verben beschreiben einen Vorgang nur sehr allgemein, also nicht sinnesspezifisch konkret.

Beispiel: *Macht* euch die Erde untertan!

Frage: *Wie genau? Was genau soll gemacht werden?*

Unspezifische Verben können mit folgender Frage konkretisiert werden: Wie genau?

• • • ● • ● • ● • • •

Modifiziertes Meta-Modell: Durchschnitte bilden

Durchschnitte bilden ist eine Art der Quantifizierung. Dabei werden die Grenzen eines einzigen Ereignisses verletzt, z.B.: Die Party war durchschnittlich. – Die Arbeit war durchschnittlich.

Wenn man behauptet, etwas sei durchschnittlich, hat man verschiedene Ereignisse hinsichtlich eines einzigen Parameters verglichen. Damit verschwinden alle anderen Parameter, die Einzigartigkeit der Ereignisse, Gegenstände, Menschen, die miteinander verglichen werden.

Die Methode, die vollständige oder genauere Information zu erfragen ist, nach den Limits oder Extremen zu fragen, von dem der Durchschnitt gebildet wurde: Was ist die schlechteste Party? Was ist die beste Party, mit der du/Sie das verglichen hast/haben.

• • • ● • ● • ● • • •

Semantische Fehlgeformtheiten

"Aber"

Es wird nach dem "aber" ein Grund angegeben, um eine zuvor gemachte Aussage zu negieren: Ich würde dich gerne besuchen, aber meine Schwiegermutter kommt.

Diese Sätze haben die Form "X, aber Y". "Y" wird im Meta-Modell als der Grund angesehen, nicht X tun zu müssen. Das Meta-Modell fragt: Wenn nun deine Schwiegermutter nicht käme, würdest du mich dann besuchen?

Damit wird Y negiert und gefragt, ob X dann immer noch gilt.

Das Modifizierte Meta-Modell sieht darin aber eine Verletzung von Ursache und Wirkung, weil der Grund als Ursache für eine bestimmte Wirkung ("Schwiegermutter kommt" verursacht "nicht besuchen") angesehen wird. Damit wird ein Glaubenssatz akzeptiert, der semantisch fehlgeformt ist. Das Modifizierte Meta-Modell schlägt daher vor, den Grund (X) mit einer gewissen Skepsis zu behandeln und daher nach weiteren Gründen zu fragen: Gibt es noch einen weiteren Grund, warum du mich nicht besuchen kommst?

• • • ● • ● • • •

Modifiziertes Meta-Modell:

Versuchen/können – Möglichkeiten

Eine Aussage, in der jemand sagt, er versucht etwas zu tun, spricht für eine andere Betrachtungsweise eines Problems oder einer Aufgabe, als eine Aussage, in der ein Sprecher sagt, dass er faktisch etwas tun wird.

Das Verb "versuchen" und Aussagen wie: "Ich könnte arbeiten" oder: "Ich könnte es tun" erzeugen die Illusion, dass der Sprecher die in der Aussage formulierte Absicht tatsächlich ausführen wird. "Versuchen" wirkt in dieser Hinsicht stärker, das bedeutet, dass diese Art Aussagen im allgemeinen ernster genommen werden als das eher vage "könnte".

Wenn der Sprecher dann nicht tut, was er gesagt hat, ist der Hörer unter Umständen enttäuscht, verletzt oder depressiv. Der Sprecher kann immer sagen: Aber ich sagte doch nur: "Ich werde es versuchen!"

Es gibt einen machtvollen Weg, auf diese Aussagen zu reagieren.

Beispiel: Ich werde versuchen, pünktlich zu sein.

Frage: Was wird geschehen, damit du nicht pünktlich bist? – Was muss für dich zutreffen, damit du pünktlich bist? – Was muss für dich unbedingt gegeben sein, damit du es wirklich nie wieder tust?

Die wichtigste Variante nach Ansicht der Autoren des Modifizierten Meta-Modells ist dagegen: Bitte tue es oder tue es nicht. Ich möchte nicht, dass du "versuchst".

Das Verfahren, um auf "könnte" zu reagieren:

Beispiel: Ich könnte das nächste Mal pünktlich sein.

Frage: Was muss tatsächlich passieren, damit du pünktlich bist? – Was muss tatsächlich passieren, damit du deine Unpünktlichkeit aufgeben kannst? Oder: "Ich würde dich bitten, dir klar zu werden, was du willst. Sag bitte Ja oder Nein."

• • • ● • ● • • •

Symmetrische und asymmetrische Prädikate

Mehrstellige Prädikate können asymmetrische oder symmetrische Beziehungen ausdrücken. In dem Satz: "Der Fluss fließt den Berg hinunter", ist die Beziehung zwischen Fluss und Berg asymmetrisch. Der Fluss kann zwar den Berg, der Berg aber nicht den Fluss hinunterfließen. In dem Satz: "Mein Sohn streitet immer mit meinem Mann", ist die Beziehung symmetrisch, denn wenn der Sohn mit dem Mann streitet, streitet auch der Mann mit dem Sohn.

Asymmetrische Prädikate erkennt man daran, dass das Gegenstück des Satzes nicht wahr ist, symmetrische Prädikate daran, dass das Gegenstück wahr ist.

Wenn wahr ist, dass der Mann mit dem Sohn streitet, ist auch wahr, dass der Sohn mit dem Mann streitet.

Wenn wahr ist, dass der Fluss den Berg hinunterfließt, dann ist nicht auch wahr, dass der Berg den Fluss hinunterfließt.

Wenn symmetrische Prädikate benutzt werden, die Symmetrie der Beziehung aber geleugnet wird, dann fragt das Meta-Modell: Sie wollen uns also sagen, dass Ihr Sohn mit Ihrem Mann streitet, Ihr Mann aber nicht mit Ihrem Sohn?

• • • ● • ● • • •

Meta-Modell: verlorener Performativ (Lost Performative)

Das Konzept der "verlorenen Performative" stammt aus der Sprechakttheorie. Diese wurde von Austin und Searle entwickelt. Kerngedanke der Sprechakttheorie ist folgender: Jeglicher natürlicher Sprachgebrauch ist zugleich ein Handeln. Jeder, der irgendeinen Satz äußert, tut gleichzeitig mehrere Dinge:

1. er gibt Laute von sich, bewegt seine Stimmwerkzeuge,

2. er äußert einen Satz, der grammatikalisch wohlgeformt sein muss,

3. er bezieht sich auf die Dinge der Welt (im weitesten Sinne) und sagt etwas über sie aus,

4. er spricht jemanden an, wendet sich an jemanden (das kann auch jemand sein, der nur in der Phantasie des Sprechers vorhanden ist),

5. er spricht jemanden mit einer bestimmten Intention (Absicht) an, er will den anderen informieren, grüßen, ihn warnen, ihm drohen, ihm etwas versprechen, usw.

6. er beabsichtigt, eine bestimmte Reaktion auszulösen.

Die Punkte a) und b) werden zusammengefasst. Das Resultat, dass jemand etwas sagt, ist eine Äußerung.

- Resultat des Punktes c) ist eine Aussage.

- Resultat der Punkte d) und e) ist eine Handlung.

- Resultat des Punktes f) ist, dass eine Reaktion ausgelöst werden soll.

Intention und die beabsichtigte Reaktion sind nicht miteinander identisch: Wer jemandem droht, beabsichtigt, ein Gefühl der Angst auszulösen.

Alle vier Tätigkeiten zusammen bilden einen Sprechakt. Ein Sprechakt ist demnach im Normalfall eine Gleichzeitigkeit aller vier Tätigkeiten oder *Akte.*

Für die Sprechakttheorie waren die Punkte d) und e) immer besonders interessant: Wie muss sich ein Sprecher verhalten, damit ihm eine bestimmte kommunikative Handlung glückt (im weitesten Sinne)?

Die Sprechakttheorie hat die Regeln untersucht, nach denen sich Sprecher richten müssen, wenn sie mit bestimmten kommunikativen Handlungen Erfolg haben wollen. Umgekehrt müssen Hörer in der Lage sein, die intendierten Handlungen zu erkennen.

Eine Art und Weise, wie die beabsichtigte Handlung (also: grüßen, drohen, etc.) signalisiert werden, ist der Gebrauch bestimmter Verben wie eben: Ich grüße dich, ich verspreche dir usw.

Ein Teil der Verben, mit denen die Handlung, die mit einem Sprechakt ausgeführt werden soll, signalisiert wird, werden performative Verben genannt.

Performative Verben sind solche, die eine Handlung, die sie bezeichnen, zugleich auch vollziehen. So z.B. ist der Satz: "Ich verspreche dir X" ein Tun, es wird ein Versprechen in dem Moment gegeben, in dem der Satz geäußert wird.

Je mehr Verben, die die Handlungsabsicht eines Sprechaktes explizit bezeichnen, in den Sprechakten eines Sprechers auftauchen, als desto reflektierter und stabiler gilt der Sprechakt.

Der Satz: "Ich verpflichte mich, X zu tun" bezeichnet die Handlungsabsicht eines Sprechers expliziter als der Satz: "Ich tue X."

Jeder Satz ist immer auch eine Handlung, etwas wird erzählt, behauptet, beschrieben. Daher kann man sich zu jedem Satz einen weiteren Satz denken, der explizit bezeichnet, was der Sprecher mit dem Satz zu tun beabsichtigt, also z.B.: *Ich sage dir, dass es schlecht ist, solche Gefühle zu haben.*

Dieser erste Satz wäre ein Teilsatz, der ein performatives Verb enthielte. Nun wird dieser Satz aber häufig getilgt und nur geäußert: *Es ist schlecht,* solche Gefühle zu haben.

Der Sprecher hat hier getilgt, wer es schlecht findet, "solche Gefühle" zu haben.

Der performative Satz: *Ich sage dir,* (es ist schlecht, solche Gefühle zu haben) fehlt.

Damit ist der Handelnde getilgt, der performative Satz ging *verloren.*

Der Sprecher tut etwas (er bewertet) und sagt nicht, wer bewertet. Der Sprechakt gilt nicht als reflektiert.

Das Ziel Bandlers und Grinders war nun nicht, jeden Sprecher dazu zu bringen, vor jedem Satz zu äußern: "Ich sage dir ..." Sie wollten während der therapeutischen Arbeit den Sprecher veranlassen, Verantwortung für die (bewussten oder unbewussten) Handlungen mit einem bestimmten Spre

Das ist praktisch das Ziel einer jeden Therapie und insofern war das keine neue Idee von Bandler und Grinder. Wirklich neu war, dass sie die linguistischen Konstruktionen in der Oberflächenstruktur von Sätzen, die auf "verlorene Performative" hindeuten, explizit beschrieben haben. "Verlorene Performative" erkennt man an Konstruktionen mit bewertenden Adjektiven und Adverbien wie: ES IST ... *schlecht, richtig, gut, böse, falsch, moralisch, unmoralisch etc.,* und daran, dass der Sprecher nicht sagt, wer etwas schlecht, richtig etc. findet.

"Verlorene Performative" können mit den Fragen: *Wer sagt das? Woher wissen Sie, dass es so ist?* konfrontiert werden.

Beispiel: Es ist falsch, von der Sozialhilfe zu leben.

Frage: Woher wissen Sie, dass es falsch ist, von der Sozialhilfe zu leben?

Beispiel: Es ist falsch, ein ungeborenes Kind zu töten, Abtreibungen sollten verboten werden.

Dem Meta-Modell ging es also vor allem darum, den aus dem Sprechakt getilgten Handelnden "wiederzugewinnen".

• • • ● • ● • • •

Modifiziertes Meta-Modell: Glaubenssätze identifizieren

Das Modifizierte Meta-Modell fokussiert mehr auf die Tatsache, dass jeder Sprechakt zugleich auch ein Äußerungsakt ist, d.h. der Sprecher referiert im weitesten Sinne auf die Welt und sagt etwas über sie aus.

Ein "verlorener Performativ" ist nach Ansicht des Modifizierten Meta-Modells gleichzeitig:

- ein Glaubenssatz des Sprechers,

- eine implizite oder explizite Darstellung des Kriteriums, das dem Glaubenssatz entspricht,

- eine implizite Aussage darüber, dass das Kriterium universelle Gültigkeit hat,

- es wird eine implizite Erwartungshaltung ausgedrückt darüber, welche Belohnungen oder Strafen erwartet werden, wenn das Kriterium erfüllt bzw. nicht erfüllt wird.

$$\bullet \ \bullet \ \bullet \ \bullet \ \bullet \ \bullet \ \bullet \ \bullet \ \bullet \ \bullet$$

Ein Glaubenssatz ist eine Aussage über die Welt, die der Sprecher für wahr hält. Ein Kriterium ist eine Regel oder ein Standard, der den Sprecher zu einem bestimmten Verhalten veranlasst.

Entsprechend arbeitet das Modifizierte Meta-Modell mit "verlorenen Performativen" auf vier Ebenen:

1. Es wird nach der Evidenz, den Fakten gefragt, auf denen der Glaubenssatz beruht,

2. und/oder das implizite oder explizite Kriterium erfragt,

3. und/oder der universelle Gültigkeitsanspruch des Kriteriums in Frage gestellt,

4. und/oder nach Informationen darüber gefragt, was sich der Sprecher erwartet, wenn das Kriterium nicht erfüllt bzw. wenn es erfüllt wird.

Am Beispiel des Satzes: *"Es ist falsch, ein ungeborenes Kind zu töten, Abtreibungen sollten verboten werden"*, ist die Prozedur,

- auf den Glaubenssatz zu reagieren: Woher wissen Sie (welche Evidenz haben Sie dafür), dass der Fötus ein Kind ist?

- auf das Kriterium zu reagieren: Aufgrund welcher Informationen, basierend worauf, verlangen Sie, dass Abtreibungen verboten werden sollten?

- auf den universellen Gültigkeitsanspruch des Kriteriums zu reagieren: Welche Autorität haben Sie/können Sie anführen, dass Sie verlangen, Abtreibungen sollten in jedem Falle verboten werden?

• • • • ● ● ● ● • • •

- Informationen zu erfragen: Was wird für Sie gewonnen, wenn Abtreibungen verboten werden? Was denken Sie, ist die Konsequenz, wenn das Verbot nicht befolgt wird oder wenn Kinder abgetrieben werden?

Hier kann auch wieder nach dem schlimmsten oder besten Szenario gefragt werden.

• • • ● • ● • • •

Landkarte mit falscher Anordnung: Semantische Fehlgeformtheit

Ein Satz kann grammatikalisch fehlgeformt sein (“Du gehen nach Hause und sehen das Film das kommen in zweite Programm? Mir sich schon lange auf den Film freuen.”).

Diese Art Fehlgeformtheit erkennt ein Sprecher, der seine Muttersprache beherrscht, sofort.

Der Begriff “Semantisch fehlgeformt” besagt, dass etwas syntaktisch richtig ausgesagt wurde, dass aber die Landkarte strukturell völlig anders ist als das Gebiet. Die Landkarte ordnet einzelne Elemente in einer Weise zueinander, die es in der Realität nicht gibt. Die entsprechend fehlgeformte Landkarte führt zu fehlgeformten Handlungen.

Komplexe Äquivalenz (Complex Equivalence)

"Ein Glaubenssatz kann auch eine Verallgemeinerung über BEDEUTUNGS-BEZIEHUNGEN sein."

Diese Gedanken werden im Kapitel "Glaubenssätze" ausführlich dargestellt und behandelt. Deshalb zeige ich hier nur die Konstruktionen in der Oberflächenstruktur eines Satzes, die auf komplexe Äquivalenzen im Sinne des Meta-Modells hinweisen. Diese Konstruktionen sind: Zwei syntaktisch ähnliche Sätze werden kurz nacheinander geäußert. Der erste Satz liefert eine Schlussfolgerung bzw. ein Kriterium, der zweite Satz eine Evidenz für die Schlussfolgerung. Es handelt sich um eine unbewusste Identifikation von Beschreibung und Schlussfolgerung.

Die Reihenfolge kann auch umgedreht sein, so dass im ersten Satz die Evidenz und im zweiten Satz die Schlussfolgerung geliefert wird. Es muss sich zudem nicht um zwei Sätze handeln, es kann sich auch um einen Satz handeln, in welchem die Wortgruppe: "... das bedeutet" vorkommt. Oder der zweite Satz kann mit dieser Wortgruppe an den ersten angeschlossen werden.

Der Satz kann auch die Form haben: Wenn X, dann Y. Wenn Y wahr ist, ist auch X wahr.

Die Annahme, die sich in einem Satz der komplexen Äquivalenz ausdrückt: Zwischen Satz X und Satz Y besteht notwendige Verbindung, sie können gegeneinander ausgetauscht werden.

Beispiel: Wenn er nie mit mir ausgeht, dann liebt er mich nicht.

X = Er geht mit mir aus; Y = er liebt mich.

(nicht X) = (nicht Y)

Wenn er mit mir ausgeht, dann liebt er mich.

(X) = (Y)

Wenn sie mich besucht, dann kümmert sie sich um mich.

X = Sie besucht mich; Y = sie kümmert sich.

Auf komplexe Äquivalenzen kann man folgendermaßen reagieren:

Ist das immer so?

Bedeutet X ... immer ... Y?

Kennen Sie einen Fall, indem X nicht Y bedeutete?

Was bedeutet es für Sie, X zu haben, zu erleben?

Modifiziertes Meta-Modell und komplexe Äquivalenzen

Das Modifizierte Meta-Modell sieht komplexe Äquivalenzen anders als das Meta-Modell.

Es sieht den ersten Teil einer Komplexen Äquivalenz als Bedingung für den zweiten Teil an. Wenn das, was im ersten Teil ausgesagt wird, nicht realisiert werden kann, kann auch der zweite Teil nicht eintreffen. Wenn der erste Teil eintrifft, trifft – im Modell des Sprechers – auch der zweite Teil ein. Der Hörer fragt sich: Was sind die Folgen, wenn auf der Basis der Bedingung gehandelt wird?

Die logische Form ist "X bedingt Y", wobei X die Bedingung ist und Y die Konsequenz.

Beispiel: Wenn er mit mir ausgeht, dann liebt er mich.

Wenn X, dann Y.

Wenn sie mich besucht, dann kümmert sie sich um mich.

Die Art, wie das Modifizierte Meta-Modell auf Komplexe Äquivalenzen reagiert, ist:

1. Wenn nicht X, dann nicht Y?

Die Bedingung und die Folge wird negiert und dann nachgesehen, ob der Satz immer noch gilt.

Wenn sie mich nun nicht besuchen würde, würde sie sich dann nicht um dich kümmern?

1. Wenn X, dann nicht Y?

Der zweite Teil des Satzes wird negiert und der erste bejaht. Auch damit kann man jemanden anleiten zu überprüfen, ob tatsächlich "Y" wahr ist, wenn "X" gilt.

Wenn er mit dir ausgeht, könnte es trotzdem sein, dass er dich nicht liebt.

• • • ● • ● • • •

Gedankenlesen (Mind Reading)

Wenn jemand sagt, dass er weiß, was ein anderer Mensch fühlt oder denkt und nicht sagen kann, aufgrund welcher Beobachtungen, die der Angesprochene überprüfen kann, der Sprecher weiß, was er fühlt, dann liest der Sprecher "Gedanken". Gedankenlesen findet statt, wenn jemand keine Fakten angeben kann, es findet nicht statt, wenn jemand Fakten angeben kann.

Diese Fakten müssen überprüfbar sein, sonst ist es Gedankenlesen. Gedankenlesen ist eine Form der Projektion. Die Idee des "Gedankenlesens" geht davon aus, dass man nie, unter keinen Umständen, sicher wissen kann, was ein anderer empfindet. Vielleicht kann man es erahnen, vielleicht sogar, bevor er es selbst weiß, aber wissen kann man es nicht.

Beispiel: Mir geht es heute ziemlich schlecht.

Antwort: "Das glaube ich dir nicht, mein Gefühl sagt mir etwas anderes. Dir geht es ganz gut."

Umgedrehtes Gedankenlesen bedeutet, dass man annimmt, dass jeder Mensch auf der Welt so denkt wie man selbst.

Die syntaktische Konstruktion, anhand derer man Gedankenlesen erkennen kann, ist: X weiß, dass Y Z fühlt, denkt, fürchtet usw.

X (Verb, das wissen, erkannt haben, kennen bedeutet) – Y (Verb, das fühlen oder denken bedeutet).

Wenn Y nicht verifizieren oder falsifizieren kann, ob er Z tatsächlich fühlt oder denkt, verliert er möglicherweise die Orientierung. Er wird vielleicht einen Glaubenssatz ausbilden, der besagt: "Ich bin nicht fähig zu wissen, was ich weiß. Ich habe meine Gefühle eigentlich nicht, jemand anderes hat sie."

Beispiel: Du *willst* mich ja nur *ärgern*.

(Ich weiß, was du willst – was du denkst.)

Beispiel: Ich *weiß*, dass du dich über das Geschenk *gefreut* hast.

Auf Aussagen, deren syntaktische Struktur auf eine Operation "Gedankenlesen" hinweist, kann man folgendermaßen reagieren: *Woher wissen Sie das? Woraus schließen Sie/schließt du, dass ... so denkt/fühlt?*

• • • • ● • ● • • •

Ursache–Wirkung (Cause–Effect)

Ebenso wie die "komplexe Äquivalenz" werden die fehlgeformten Ursache-Wirkungs-Strukturen im Kapitel "Glaubenssätze" noch ausführlich beschrieben. Syntaktische Konstruktionen in den Sätzen, die auf Ursache-Wirkungs-Annahmen hinweisen, sind: X verursacht, dass Y so und so reagiert. Im Deutschen sind das Verben wie: verursachen, machen, bewirken usw.

Beispiel: Er hat mich wütend *gemacht*.

Beispiel: Meine Frau *macht* mich wütend.

Frage: Wie *genau* macht sie das? Was *genau* macht Sie wütend?

Manche Sätze müssen umformuliert werden, um zu erkennen, dass eine U-W-Interpretation vorliegt:

Beispiel: Dein *Lachen* lenkt mich ab.

Umformuliert: Dein *Lachen bewirkt,* dass ich mich *abgelenkt fühle.*

Frage: *Bewirkt* mein Lachen immer, dass du dich abgelenkt fühlen musst?

Auf Sätze mit Ursache-Wirkungs-Strukturen kann man folgendermaßen reagieren. Es gibt zwei Möglichkeiten (außer den Sleight-of-Mouth-Patterns):

1. Man fragt genau nach: *Wie genau ... ?*

2. Man betont die Generalisierung, die in einem solchen Satz auch enthalten ist und fragt: *Bedeutet X immer Y?*

Das Meta-Modell und das Modifizierte Meta-Modell sind, meiner persönlichen Ansicht nach, die Techniken, die der gekonnten Anwendung aller anderen NLP-Techniken vorausgehen. Es gibt keine Technik, für die man nicht die Unterscheidung zwischen den verschiedenen Ebenen der Verarbeitung brauchte.

• • • • ● • ● • ● • •

In allen Techniken muss entweder eine "fluffige" Sprache (also eine vage Sprache) oder eine sinnesspezifische Sprache verwendet werden, um den Klienten anzuleiten. Dies kann mit den beiden "Meta-Modellen" gelernt und geübt werden. Die Meta-Modell-Fragen leiten systematisch dazu an, die eigenen Modelle von Welt wieder mit der einmal gemachten, konkreten Erfahrung zu verbinden.

1. Revenstorf, 1985

2. Dilts, 1993

GLAUBENSSÄTZE ERKENNEN UND BEHANDELN

309. Was ist dein Ziel in der Philosophie? – Der Fliege den Ausweg aus dem Fliegenglas zeigen. (Aus: Ludwig Wittgenstein, Philosophische Untersuchungen, § 309)

• • • ● • ● • • •

Die Arbeit mit Glaubenssätzen

Eine wichtige Neuentwicklung innerhalb des NLP der letzten Jahre ist die Konzentration auf die Arbeit mit Glaubenssätzen. Wie schon in der Einleitung angedeutet, änderte sich mit dieser Arbeit der Fokus der Aufmerksamkeit innerhalb des NLP.

Zu Beginn der NLP-Entwicklung arbeiteten Menschen mit NLP daran, schnell Verhaltensänderungen zu erzielen und verbesserte Kommunikationsmethoden anzubieten. Das Modell der Strategien und die verschiedenen NLP-Techniken lehrten den Therapeuten und Berater, wie etwas zu tun sei.

Es hat sich gezeigt, dass es nicht immer möglich ist, ein Verhalten zu lehren, wenn dieses neue Verhalten nicht mit der Art und Weise zusammenpasst, wie die Welt von dem Individuum wahrgenommen und gedeutet wird. Glaubenssätze sind an dem beteiligt, was "vor" dem Verhalten, "vor" der guten Kommunikation kommt, nämlich an der Art und Weise, wie die Welt erkannt und gedeutet wird.

In Korzybskis Modell wurde zwischen Beschreibungen und Schlussfolgerungen unterschieden. Im NLP nennt man Schlussfolgerungen "Glaubenssätze". Aus der Abb. 5 wurde deutlich, dass Handlungen nicht auf der Basis von Beschreibungen, sondern auf der Basis von Schlussfolgerungen oder Urteilen geplant werden.

Nicht die Beschreibung: "Dies ist ein Vogel" motiviert mich, zum Umweltschützer zu werden, sondern die Schlussfolgerungen: "Ich mag dieses Tier und daher bin ich ein tierlieber Mensch und daher setze ich mich dafür ein, dass diese Tiere geschützt werden." Eine Beschreibung ist weitgehend neutral. Sie motiviert zu nichts.

Der Satz: "Draußen regnet es" mag richtig oder falsch sein, einen Regenschirm besorge ich mir erst, wenn der Satz wahr ist und wenn ich aus der Beschreibung geschlossen habe, dass ich nass werden würde und dass ich es nicht leiden kann, nass zu werden.

Ich muss also die Beschreibung eines Sachverhaltes erst beurteilen oder bewerten in Hinblick auf meine Situation, meine Vorlieben, um überhaupt handeln zu wollen. Glaubenssätze und in Glaubenssätzen enthaltene Werte sind daher unbedingt notwendig, um irgendein Verhalten in Gang zu setzen.

Es ist wichtig, sich zu verdeutlichen, dass Glaubenssätze erst auf einer sehr hohen Ebene der Verarbeitung von Sinneseindrücken oder "Abstraktion" entstehen. Glaubenssätze sind im Modell Korzybskis Abstraktionen höherer Ordnung. Glaubenssätze sind demnach Interpretationen von Wahrnehmungen, Gefühlen, Ideen, Intuitionen, also den Verarbeitungsebenen, die Korzybski die "tieferen Ebenen der Abstraktion" nannte.

Glaubenssätze bestimmen, ob Umweltreize angemessen integriert werden oder auch nicht. Sie können mit dem, was gesehen, gehört, gefühlt wurde, strukturell übereinstimmen oder auch nicht.

Glaubenssätze sind ein Teil des Vorwissens, aufgrund dessen jede neue Erfahrung gedeutet wird. Je besser die Möglichkeiten durch bereits vorhandene Glaubenssätze, aus der externalen Welt kommende Reize zu integrieren, und je angemessener die Interpretation, desto optimaler das neue Modell oder die "Landkarte".

Glaubenssätze sind Teil des semantischen Kontextes, das heißt, sie regeln welche Bedeutung einem Ereignis zugemessen wird. Wenn alte Glaubenssätze vollkommen entfernt von dem sind, was die tieferen Nervenzentren an Wahrnehmung produzieren, ist diese Bedeutung unangemessen, und es entsteht ein Konflikt zwischen verschiedenen neuronalen Strömungen oder neuronalen Zirkeln.

· · · ● · ● · · ·

Als "Glaubenssätze" werden im NLP "Generalisierungen über die Beziehung zwischen Dingen und Ereignissen in unserer Umgebung" benannt. Glaubenssätze sind Aussagen, in denen Zusammenhänge beschrieben werden, wie "A bedeutet B" oder "A verursacht B".[1]

· · · ● · ● · · ·

Glaubenssätze sind Verallgemeinerungen über:

1. Zusammenhänge,

2. Bedeutung,

3. Grenzen,

und zwar hinsichtlich:

1. der Welt um uns herum,

2. speziellen Verhaltensweisen,

3. Fähigkeiten,

4. unserer Identität.[2]

• • • ● • ● • • •

Gregory Bateson beschrieb Glaubenssätze als eine Form von, wie er sagte, "Lernen II". Lernen II ist nach Bateson Lernen zu lernen. Bateson zeigt das am Beispiel der Skinnerschen Ratte. In Skinners Versuchen wurden Ratten belohnt, wenn sie ein vom Versuchsleiter gefordertes Verhalten zeigten.

Die Skinnersche Ratte lernt im Kontext Versuchslabor: *Wenn* Reiz und eine bestimmte Verhaltenseinheit: *dann* Verstärkung. Diese Form des Lernens nennt man operantes Lernen. Der Pawlovsche Hund, im Labor festangeschnallt und nur der Absonderung von Speichel verpflichtet, sobald ein Glockenton ertönt, hat im Gegensatz zur Skinnerschen Ratte weniger Einfluss darauf, ob er eine Verstärkung bekommt oder nicht.

In seinem Labor lernt er: Wenn Reiz und ein bestimmter Zeitablauf, dann Verstärkung.

Alle beide lernen aber, den Kontext "Versuchslabor" als Kontext zu erkennen und sich entsprechend zu verhalten. Der Hund braucht gar nichts zu tun, außer Speichel abzusondern.

Er lernt eine Form des Lernens, die als klassische Konditionierung bezeichnet wird. Die Ratte dagegen muss einen Hebel drücken, durch Gänge eilen, usw.

Das bedeutet, wenn man einen Hund aus einem Pawlovschen Labor in ein Skinnersches Labor brächte, dann würde der Hund den Kontext "Labor" als einen Kontext "wiedererkennen", in dem er nichts zu tun braucht, außer auf einen Reiz zu warten.

Er würde sich in dem neuen Kontext wahrscheinlich nicht adaptiv verhalten, das heißt, er würde vermutlich sehr lange brauchen, bis er begreift, dass er Hebel drücken und durch Gänge eilen soll, um eine Belohnung zu bekommen.

Ein Pawlovscher Hund hat gelernt, den Kontext "Labor" als Kontext wiederzuerkennen und Zusammenhänge herzustellen wie: "Wenn Labor, dann nichts tun und warten."

Die Ratte hat gelernt, dass das Leben aus instrumenteller Belohnung und instrumenteller Vermeidung besteht, sie hat gelernt, etwas zu tun, um etwas zu erreichen.

Eine Skinnersche Ratte wäre als Versuchstier für klassische Konditionierung vielleicht geeigneter als umgekehrt, aber auch sie würde eine Weile brauchen, bis sie begreifen würde, dass ein Teil der Welt aus Reizen besteht, für die man eine Verstärkung bekommt, ohne irgend etwas tun zu müssen.

Bateson nennt Lernen II, wenn der Hund oder die Ratte sich in einem anderen Kontext so verhalten, als ob sie erwarten würden, dass es sich um einen ähnlichen oder gleichen Kontext handelt, wie den, den sie gewohnt sind.

Einen Kontext als Kontext zu begreifen und anhand von Kontextmarkierungen wiederzuerkennen, nennt Bateson "Lernen zu lernen". Beim "Lernen" handelt es sich um eine Verhaltensweise, die innerhalb eines Kontextes gelernt wird. "Lernen zu lernen" hat stattgefunden, wenn man etwas über den Kontext als Kontext gelernt hat.

Es handelt sich um einen anderen logischen Typus von Lernen. Der Hund hat Glaubenssätze über den Kontext (über die Welt um ihn herum) gebildet, die adaptiv sind, solange diese Welt sich nicht ändert. Glaubenssätze funktionieren wie eine Art Anleitung, wie man Kontexte als Kontexte erkennt und dementsprechend sein Verhalten einrichtet.

Was genau macht den Kontext "Theater" aus und wie muss man sich hier verhalten? Was genau den Kontext "Kirche"? Die allermeisten Glaubenssätze dienen dazu, Voraussagen über das zu machen, was in einem Kontext wahrscheinlich als angemessenes Verhalten anzusehen ist.

Eine andere Art über Glaubenssätze nachzudenken ist, sie als Regeln zu begreifen. Regeln kann man unterscheiden in präskriptive und deskriptive Regeln. Deskriptive Regeln beschreiben Zusammenhänge wie: ,Wenn A, dann B." Wenn man an die Sonne geht, wird man braun. Wenn es regnet, wird die Straße nass. Wenn die Ratte den Knopf drückt, dann hat sie etwas gelernt.

Präskriptive Regeln sind Regeln über Verhaltensweisen wie: "Gehe nicht bei Rot über die Ampel!" Eine deskriptive Regel beschreibt, wie zwei Ereignisse zusammenhängen.

Eine präskriptive Regel stellt häufig ein Werturteil dar. Deskriptive Regeln nennt Robert Dilts "Glaubenssätze über die Beziehung zwischen zwei Ereignissen". Präskriptive Regeln nennt er "Glaubenssätze über Grenzen". Beide Arten von Regeln haben typische Eigenschaften, die für die Behandlung wichtig sind.

Die Funktion von Glaubenssätzen ist es, Handlungen in Gang zu setzen oder zu stoppen und zwar meist unbewusst und routinemäßig. Aus diesem Grunde wirken sie selbstbestätigend.

Das bedeutet, sie setzen genau die Handlungen in Gang, die den Glaubenssatz zu verifizieren scheinen. Das gilt für "positive" wie "negative" Glaubenssätze. Glaubenssätze haben die Funktion von Voraussagen oder Hypothesen.

Jedes Ergebnis, das der Hypothese und den vorausgesagten Ergebnissen entspricht, ist eine Bestätigung für die Richtigkeit der Hypothese, auch dann, wenn es ungünstig ist. Aus diesem Dilemma kommt man nur heraus, wenn man den Glaubenssatz als Glaubenssatz verwirft.

Die ersten 100 Millisekunden unserer Wahrnehmung sind uns vollkommen unbewusst. In dieser Zeit fragt unser Gedächtnis ab, ob das, was wahrgenommen wird, erstens neu oder zweitens interessant und wichtig ist.

Wenn etwas weder neu noch wichtig ist, wird es nicht beachtet *oder in einer Routine abgehandelt.* Man macht dann irgend etwas, ohne darauf zu achten. Wenn etwas als neu und unwichtig eingestuft wird, wird es ebenfalls nicht beachtet.

Was "bewusst" wird, ist nur ein sehr kleiner Rest der ursprünglichen sensorischen Informationen.

100 Millisekunden sind eine Zeitspanne, die zu kurz ist, als dass man sie bewusst wahrnehmen könnte. So entsteht der Eindruck, dass

zwischen mir und dem Glas hier, das ich vor mir sehe, "nichts ist". Und so entsteht auch der Eindruck, dass zwischen mir und meiner Handlungsweise nichts ist. Und dieser Eindruck ist genauso falsch wie der, dass zwischen mir und dem Glas nichts ist.

Glaubenssätze sind Teil des semantischen Kontextes, innerhalb dessen einem Reiz vom kognitiven System eine Bedeutung zugewiesen wird. Sie wirken wie Wahrnehmungsfilter.

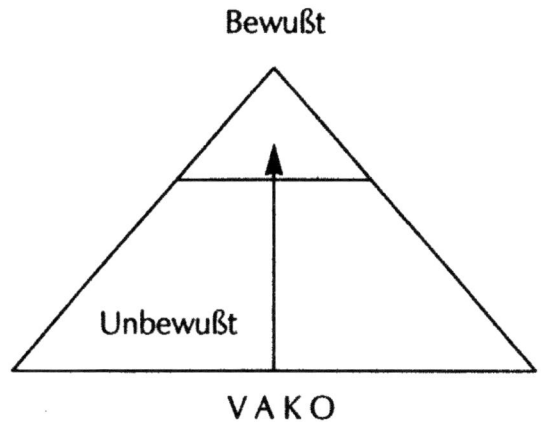

Abbildung 6: Reihenfolge der Verarbeitung von sinnesspezifisch konkreten Informationen.

Präskriptive und deskriptive Regeln

Es gibt, wie schon gezeigt, verschiedene Arten von Glaubenssätzen. Die wichtigste Unterscheidung ist die zwischen deskriptiven Glaubenssätzen (über Zusammenhänge) und präskriptiven Glaubenssätzen (über Grenzen). Diese Unterscheidung ist für die Behandlung wichtiger als die Themen, auf die sie sich beziehen.

Präskriptive Regeln schreiben ein Verhalten in einem oder in mehreren Kontexten vor. Präskriptive Regeln werden Kindern zum großen Teil nonverbal vermittelt, einige jedoch auch verbal.

Präskriptive Regeln vermitteln in einer Gesellschaft die Art wie man grüßt, dankt, etc. Präskriptive Regeln sind nicht rational begründbar, sie entstehen auf der Basis dessen, was in einer Gesellschaft, einer Familie, einer Firma als gut oder schlecht für das Zusammenleben erachtet wird. Im allgemeinen haben präskriptive Regeln und ihre Befolgung mehr mit Gefühlen zu tun.

Ob wir sie befolgen oder nicht, sie sind auf jeden Fall mit starken Emotionen verbunden. Die Einhaltung präskriptiver Regeln wird häufig über angedrohte Konsequenzen durchgesetzt.

Deskriptive Glaubenssätze sind Schlussfolgerungen vom Besonderen zum Allgemeinen. Sie beschreiben wahrgenommene Zusammenhänge zwischen zwei Ereignissen. Die Beschreibung kann angemessen oder unangemessen sein, auf alle Fälle ist sie prinzipiell überprüfbar, was nicht heißt, dass sie überprüft wird. Deskriptive Glaubenssätze haben mehr mit der Art zu tun, wie jemand über etwas denkt. Das heißt nicht, dass dadurch nicht auch Gefühle ausgelöst werden, der Akzent liegt aber mehr auf dem "Denken".

Präskriptive und deskriptive Regeln werden in den meisten Gesellschaften verschieden behandelt. Wenn sich eine deskriptive Regel als falsch erweist, dann verwirft man die Regel. Wenn sich ein Naturgesetz als falsch erweist, dann wird es neu formuliert.

Wenn jemand gegen eine präskriptive Regel verstößt, bringt man denjenigen im allgemeinen dazu, sich an die Regel zu halten, man ändert aber nicht die Regel. Nur wenn die meisten Mitglieder einer Familie, einer Kultur oder einer Gesellschaft eine solche Regel für ungültig oder ungünstig erachten, kann sie auch geändert werden.

Deskriptive Regeln sind überprüfbar, jedenfalls wenn sie kontextualisiert worden sind. Die beschriebenen Zusammenhänge treffen ein oder nicht. Daher können sie aufgegeben werden, wenn sie sich nicht bewährt haben.

Das heißt allerdings nicht, dass sie dann auch aufgegeben werden. Kinder schlussfolgern aus dem Verhalten der "Großen" häufig deskriptive Regeln. Zusammenhänge können magisch gedacht werden und es kann sein, dass eine deskriptive Regel niemals mehr überprüft wird, auch wenn sie Schaden anrichtet. Das heißt aber nicht, dass sie nicht prinzipiell überprüfbar wäre.

Das ist das Problem des Pawlovschen Hundes im Skinnerschen Labor: Er hat eine deskriptive Regel über die Art und Weise, wie man sich in einem Laborkontext verhalten soll, geschlussfolgert, und diese Regel ist nun nicht mehr gültig. Um sie überprüfen zu können, muss er die Regel als Regel erkennen und das ist nicht immer einfach, weder für den Pawlovschen Hund noch für den Menschen.

Deskriptive Glaubenssätze sind aus zwei Beschreibungen von Ereignissen zusammengesetzt. Die beiden Beschreibungen werden in eine bestimmte Beziehung zueinander gesetzt. Zusammengesetzte Glaubenssätze entstehen, indem durch sogenannte logische Konstanten zwei Aussagen miteinander verknüpft werden.

Logische Konstanten sind Wörter wie "und", "oder", "impliziert", "dann und nur dann, wenn" und Satzverbindungen wie "weil", "aber".

Damit ein Sprecher einen zusammengesetzten Glaubenssatz für wahr halten kann, muss er die beiden einzelnen Glaubenssätze ebenfalls für wahr halten.

Wenn jemand sagt: "Ich kann schwimmen, weil ich tanzen kann", dann kann er den ganzen Satz nur für wahr halten, wenn er beide Teile für wahr hält. Wenn eine der beiden Beschreibungen falsch ist (z.B. derjenige kann nicht tanzen), dann ist der ganze Satz falsch. Wenn man also einen zusammengesetzten Glaubenssatz ändern will, muss man unter Umständen nur einen Teil bearbeiten.

Beim ausschließenden "oder", beim "entweder-oder" allerdings, kann der Sprecher einen Satz nur dann für wahr halten, wenn er einen der Teilsätze für falsch hält. Hierfür ist ein Beispiel der Satz: "Peter ist von Beruf Lehrer oder er ist Pastor."

Deskriptive Glaubenssätze werden typischerweise anhand von Meta-Modell-Verletzungen wie "komplexe Äquivalenz" und "Ursache-Wirkung" identifiziert.

Präskriptive Regeln sind, wie gesagt, nicht überprüfbar. Sie haben keine empirische Basis. Sie enthalten Werturteile. Die Regel: "Du sollst nicht töten" ist nicht überprüfbar, nicht falsifizierbar und nicht verifizierbar.

Trotzdem ist sie bedeutsam und in der Gesellschaft nützlich. Solche Regeln sind innerhalb einer Kultur, einer Familie, eines Systems gültig, sie sind aber nicht "zutreffend" oder "wahr". Präskriptive Regeln können funktional oder katastrophal dysfunktional sein, für die Behandlung von nicht adaptiven Verhaltensweisen, die auf präskriptiven Regeln beruhen, ist es aber wichtig zu wissen, dass sie im Gegensatz zu deskriptiven Regeln nicht überprüfbar sind.

Man kann sie innerhalb einer Kultur für ungültig erklären oder man kann eine präskriptive Regel als einzelner akzeptieren oder dagegen verstoßen – es gibt kein Mittel, um zu überprüfen, ob sie wahr sind oder nicht.

· · · ● · ● · ● · ·

Es gibt Möglichkeiten, festzustellen, wie sie sich im Alltag auswirken, aber nicht, ob sie wahr sind. Ein präskriptiver Glaubenssatz ist eine Regel, die von irgendeiner Art Autorität formuliert oder – das ist der häufigere Fall – nonverbal vermittelt wurde.

Diese Art Glaubenssätze werden anhand von Modaloperatoren identifiziert.

· · · ● · ● · · ·

Die Behandlung von Glaubenssätzen

Glaubenssätze müssen erkannt werden, bevor sie verändert werden können. Das kann anhand der bereits schon genannten Meta-Modell-Verletzungen geschehen.

Auch alle Äußerungen, die Meta-Modell-Verletzungen wie unspezifische Verben oder andere Generalisierungen enthalten, verweisen auf Glaubenssätze. Das Modifizierte Meta-Modell zeigt, wie Glaubenssätze aus Äußerungen des Gesprächspartners erschlossen werden können.

Dilts hat die Ideen in dem Modell von Korzybski, dass jeder Aussage eine neuronale Strömung zugrunde liegt, dahingehend präzisiert, dass er der Ebene der Glaubenssätze das vegetative Nervensystem zuordnet. Das bedeutet, die Glaubenssätze, auf denen ein Individuum tatsächlich operiert, zeigen sich besonders an Funktionen des vegetativen Nervensystems.

Glaubenssätze zeigen sich also besonders in unbewussten Reaktionen der Aktivitäten von Sympathikus und Parasympathikus. Das vegetative Nervensystem steuert alle unbewussten Lebensvorgänge, wie unter anderem die Kreislauf- und Verdauungsfunktionen.

Es hat ferner Beziehungen zu den Gemütszuständen, zum Trieb- und Willensleben, zur Bewusstseinsklarheit und zum Schlaf-Wach-Rhythmus. Es regelt das Zusammenspiel der inneren Organe. Die Glaubenssätze, auf denen jemand tatsächlich operiert (im Gegensatz zu dem, was er sagt), zeigen sich also eher an den unbewussten als den bewussten Lebensvorgängen.

Das wichtigste Kriterium dafür, ob ein Glaubenssatz erkannt und verändert worden ist, ist der physiologische Zustand des Gesprächspartners, wenn ein unbewusster Glaubenssatz formuliert und damit bewusst gemacht wird:

Da Wahrnehmung, Gefühl und Beschreibung und Interpretation jetzt übereinstimmen, ist der Organismus in einem besseren Zustand als zuvor. Der Mensch ist besser durchblutet, er atmet tiefer. Man kann das häufig als einen Wechsel von Sympathikus- zu Parasympathikus-Aktivitäten sehen.

Den Wechsel von Sympathikus- zu Parasympathikus-Aktivität sieht man an der Haut (blass zu rot), an der Veränderung der Atmung, am Schweiß, an einer Pupillenverengung.

Der Parasympathikus ist eher verantwortlich für alle Reaktionen des Körpers, die der Erholung und dem Aufbau dienen, während der Sympathikus für Energieentladung, Flucht und Kampfreaktionen zuständig ist. Wenn ein Glaubenssatz erkannt und bearbeitet ist, ist das buchstäblich für den Körper "erholsam".

Man kann die oben genannten Themen bearbeiten und jemanden anleiten, eine konkrete Erfahrung neu zu deuten. Dann arbeitet man daran, die ursprüngliche Wahrnehmung in allen Aspekten (was wurde gesehen, gehört, gefühlt) bewusst zu machen und diese dann neu zu deuten. Das ist sinnvoll im Falle deskriptiver Glaubenssätze.

Oder man kann bestimmte Regeln für ungültig erklären. Präskriptive Regeln werden über die Angst vor Konsequenzen durchgesetzt, man kann also aufzeigen, dass diese Konsequenzen jetzt im aktuellen Leben nicht mehr drohen. Das funktioniert nur, wenn die Autorität des Therapeuten vom Klienten als stärker erlebt wird als die ursprüngliche Autorität, die die Regel durchgesetzt hat.

Deskriptive Glaubenssätze sind, wie gesagt, Generalisierungen über die Beziehungen zwischen Ereignissen. Die Art, wie diese Beziehung hergestellt werden kann, ist selbst wieder ein Glaubenssatz, der uns über die Struktur unserer Sprache vermittelt wird. Es ist also ungünstig, einen Glaubenssatz zu ändern und den neuen in einer inadäquaten Struktur zu formulieren. Dann ist der einzelne Glaubenssatz vielleicht inhaltlich geändert worden, die neue Karte weist aber dieselben strukturellen Probleme auf wie die alte.

Die Strukturen deskriptiver Glaubenssätze

Ein Glaubenssatz kann eine *Verallgemeinerung über KAUSALE BEZIEHUNGEN* sein.[3]

Zum Beispiel: Krebs verursacht Tod.

Ursache – Wirkung: (X verursacht Y).

Allgemeine Form: X verursacht Y.

Diese Glaubenssätze lassen sich identifizieren anhand syntaktischer Konstruktionen, die im Meta-Modell als "semantisch fehlgeformte Ursache-Wirkungs-Beziehung" beschrieben wurden.

"2. Ein Glaubenssatz kann auch eine *Verallgemeinerung über BEDEUTUNGS-BEZIEHUNGEN* sein".[4]

Zum Beispiel: Sie sieht immer zu Boden, wenn wir über das Projekt sprechen, das bedeutet, sie ist nicht interessiert.

Komplexe Äquivalenz (Kriterium – Evidenz)

Allgemeine Form: Dass X eingetroffen ist, bedeutet, dass auch Y gilt.

Oder: Wenn X wahr ist, ist auch Y wahr.

In Sätzen oder Satzfolgen, die die Meta-Modell-Verletzung "komplexe Äquivalenz" aufweisen, begründet ein Sprecher seine individuellen Schlussfolgerungen.

Wenn die Beschreibung eines Ereignisses wahr ist, ist auch der daraus gezogene Schluss wahr.

• • • ● • ● • • •

Diskussion der Strukturen

Glaubenssätze über kausale Beziehungen

Im Falle von Glaubenssätzen über kausale Beziehungen (A verursacht B), suggeriert die Struktur, dass das Auftreten von A das Auftreten von B determiniert.

Diese Vorstellung ist aus mehreren Gründen inadäquat.

Der Kausalitätsbegriff besagt im Prinzip, dass jede Veränderung eine Ursache hat und schließt damit Zufälle aus. Wenn das Kausalitätsgesetz gilt, dann muss mit einem gegebenen Sachverhalt B, der also eine Wirkung ist, ein Sachverhalt A vorausgegangen sein, der dessen Ursache ist, so dass gilt: "A ist früher als B. " Diese Beziehung kann als determiniert oder als indeterminiert gesehen werden.

Man kann nun annehmen, dass A das Ereignis B determiniert hat, das bedeutet, nachdem Ereignis A aufgetreten ist, *musste* notwendigerweise auch Ereignis B auftreten. Man kann in vielen Systemen zwar beobachten, dass jede Zustandsänderung eine Ursache hat, die Zustandsänderung kann aber aus der beobachteten Ursache nicht vorausgesagt werden, das bedeutet: A ist durch B nicht determiniert. Wenn A auftritt, kann B auftreten, muss aber nicht. Eine Zustandsveränderung kann aber gelegentlich mit hoher Wahrscheinlichkeit vorausgesagt werden.

Wenn man diese Erkenntnisse auf den zwischenmenschlichen Bereich anwendet, dann gilt, dass eine Verhaltensweise von A eine Reaktion von B mit hoher Wahrscheinlichkeit auslösen kann, sie aber nicht determinieren kann.

Eine Lüge kann keinen Rückzug auf Seiten des Belogenen verursachen. Alternativ kann man also davon sprechen, dass eine Lüge beispielsweise jemanden einlädt, sich vom Lügner zurückzuziehen, aber nicht, dass die Lüge den Rückzug verursachen kann.

Alfred Korzybski hat einen weiteren Grund aufgezeigt, warum die Ursache-Wirkungs-Vorstellung zu unangemessenem Handeln führen kann. Die meisten Menschen stellen sich Ursache und Wirkung als in der Zeit *sofort* aufeinander folgend vor. Auf ein Ereignis, genannt "Ursache", folgt sofort ein weiteres Ereignis, genannt "Wirkung".

• • • ● • ● • • •

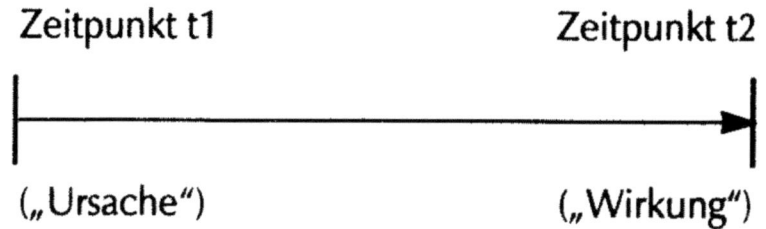

Abbildung 7: Übliche Vorstellung des Zusammenhangs zwischen Ursache und Wirkung

• • • ● • ● • • •

Das würde allerdings bedeuten, dass zwischen den beiden Ereignissen keine Zeit mehr ist. Mathematiker haben gezeigt, dass das unmöglich ist. Zwischen dem Punkt 1 und dem Punkt 2 auf einer Linie liegen unendlich viele weitere Punkte.

• • • ● • ● • • •

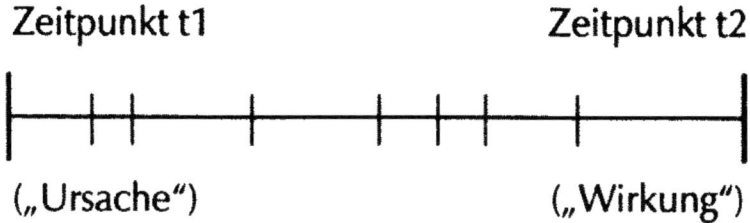

Abbildung 8: Ursache und Wirkung folgen nicht direkt aufeinander.

• • • ● • ● • • •

Bezogen auf zeitliche Ereignisse bedeutet das: Zwischen dem Zeitpunkt A und Zeitpunkt B liegt eine Minute. Diese kann man in sechzig Sekunden einteilen. Zwischen zwei Sekunden liegt ein Punkt, der den Bruchteil einer Sekunde umfasst. Zwischen Ereignis 1 und Ereignis 2 liegt immer eine, wenn auch noch so kurze Zeitspanne, in der sehr viele Faktoren auftauchen können, die auf Ereignis 2 einwirken.

Für das praktische Handeln bedeutet das, dass die Identifikation von Trigger-Folgen, wie z.B. in der kalibrierten Schleife, den Therapeuten schneller den Auslöser für eine bestimmte Reaktion finden lässt, als wenn dieser an Ursache und Wirkung glaubt und dazwischen nichts sieht, weil er die Vorstellung hat, dass Ursache und Wirkung direkt aufeinander folgen.

Weiterhin ist an dieser Struktur problematisch, dass die Beziehung zwischen Ereignis 1 und Ereignis 2 als einwertig gesehen wird. Man nimmt unbewusst an, dass ein Ereignis 1 nur ein Ereignis 2 determiniert, also dass ein Faktor ein Ergebnis "hervorbringt". In Wirklichkeit wirken zahlreiche Faktoren auf ein Ergebnis ein, und ein Faktor kann zahlreiche Auswirkungen haben.

Eine angemessenere Art, über Zusammenhänge zwischen "Ursache" und "Wirkung" zu denken, ist die folgende: Viele Ursachen wirken auf ein Ergebnis ein, bzw. eine Ursache kann viele Auswirkungen haben. Diese Art, Erfahrungen zu strukturieren, ist realitätsnäher und führt zu besser angepassten Handlungsweisen.

Beispielsweise wird jemand, der glaubt, dass es viele Faktoren sind, die auf den Verlauf einer Krankheit einwirken, nach vielen verschiedenen Auslösern forschen und so schließlich den Unterschied finden, der den Unterschied macht.

$$\cdot \ \cdot \ \bullet \ \bullet \ \bullet \ \bullet \ \bullet \ \cdot \ \cdot$$

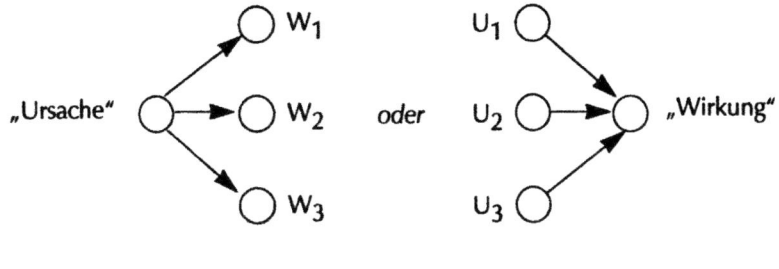

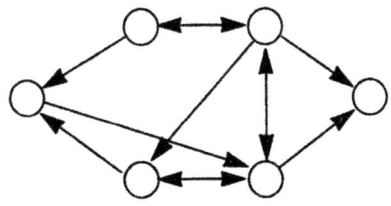

Abbildung 9: Ursache – Wirkung

• • • ● • ● • • •

Ursache-Wirkungs-Strukturen suggerieren drittens eine Vorstellung von "Linearität", die nicht immer gilt. Die Beziehung zwischen einzelnen Ereignissen kann zirkulär sein anstatt linear.

• • • ● • ● • • •

Verallgemeinerungen über Bedeutungsbeziehungen

Ein deskriptiver Glaubenssatz, der eine Verallgemeinerung über Bedeutungsbeziehungen darstellt, hat die Struktur: Wenn A, dann B. Die Vorstellung, die diese Struktur suggeriert, ist: Wenn die Beschreibung eines Ereignisses wahr ist, ist immer auch der daraus gezogene Schluss wahr.

Zwei Gegenstände heißen äquivalent bezüglich einer Eigenschaft E, wenn sich X und Y hinsichtlich E nicht unterscheiden lassen. Wenn also in einer Äußerung wie: "Wenn sie zu Boden sieht, bedeutet das, dass sie nicht interessiert ist" die Beschreibung (sieht zu Boden) wahr ist, würde das bedeuten, dass auch die Schlussfolgerung (ist nicht interessiert) wahr oder gültig ist.

An diesem Satz ist erstens die Vorstellung falsch, dass man aus einer Beschreibung zwingend eine Schlussfolgerung ziehen kann, zweitens, dass diese Schlussfolgerung ebenso gültig ist wie die Beschreibung. Das ist eine Identifikation oder Gleichsetzung von Beschreibung und Schlussfolgerung, eine Verwechslung logischer Ebenen.

Wenn gilt, dass X und Y einander äquivalent sind, dürfen beim logischen Schließen äquivalente Aussagen gegeneinander ausgetauscht werden.

Die Verwendung der syntaktischen Struktur der komplexen Äquivalenz suggeriert unbewusst, dass das Prädikat "wahr", welches für die Beschreibung gilt, auch für die Schlussfolgerung gilt. In

Sätzen oder Satzfolgen, die die Meta-Modell-Verletzung "komplexe Äquivalenz" aufweisen, begründet ein Sprecher seine individuellen Schlussfolgerungen.

• • • • •• • •• • • •

Zusammenfassung

Glaubenssätze entstehen zu einem "späten" Zeitpunkt der Verarbeitung von Reizen, sie sind Teil des semantischen Kontextes, der den sensorischen Elementarereignissen "Bedeutung" gibt. Auf der Basis von Glaubenssätzen werden Handlungen geplant. Glaubenssätze wirken daher motivierend oder hindernd.

Einmal erlernte Schemata wie z.B. Ursache-Wirkung werden im Falle deskriptiver Glaubenssätze routinemäßig benutzt, um die Beschreibung von Ereignissen zueinander in Beziehung zu setzen. Es kann sich dabei um eine Struktur handeln, die der Struktur des "Gebietes" nicht entspricht.

Im individuellen Leben werden zahlreiche Glaubenssätze so aufgebaut, wie die umgebende Kultur es einem vermittelt. Wenn die umgebende Kultur an mechanistische "Ursache-Wirkungs-Zusammenhänge" glaubt, werden auch individuelle Glaubenssätze nach diesem Prinzip konstruiert.

Glaubenssätze sind Äußerungen, die Meta-Modell-Verletzungen enthalten. Tilgungen weisen nicht zwangsläufig auf einen Glaubenssatz hin, Generalisierungen und Verzerrungen sind jedoch Indikatoren für einen Glaubenssatz.

Weil Glaubenssätze Meta-Modell-Verletzungen und unspezifische Begriffe enthalten, sind sie Interpretationsschemata, die für sehr viele Kontexte anwendbar sind. Das macht einschränkende Glaubenssätze so "effektiv", sie wirken für sehr viele Kontexte einschränkend, weil sie für so viele Kontexte zu "passen" scheinen.

$$\bullet \ \bullet \ \bullet \ \bullet \ \bullet \ \bullet \ \bullet \ \bullet \ \bullet \ \bullet$$

Zeitformen in der Arbeit mit Glaubenssätzen

Glaubenssätze wurden im vorangegangenen Abschnitt als "Generalisierungen über Zusammenhänge" beschrieben.

Wenn zwei Ereignisse miteinander in Zusammenhang gebracht werden, werden diese Ereignisse auch immer in einen zeitlichen Zusammenhang gebracht. Der Glaubenssatz hat immer irgendeinen Bezug zum gegenwärtigen subjektiven Erleben. Wenn Ereignisse verarbeitet werden, werden sie in einer zeitlichen Reihenfolge geordnet.

$$\bullet \ \bullet \ \bullet \ \bullet \ \bullet \ \bullet \ \bullet \ \bullet \ \bullet \ \bullet$$

Wie ein Ereignis zeitlich eingeordnet wird, bestimmt wesentlich die Art und Weise, welche Gefühle, Einschätzungen etc. mit diesem Ereignis verknüpft werden.

· · · · ● ● ● ● · · ·

Was ist "Zeit"?

Der Begriff "Zeit" hat als Substantiv strukturell dieselbe sprachliche Form wie die Substantive, die konkrete Objekte bezeichnen. Das löst leicht eine Vorstellung aus wie Zeit sei ein "Objekt", etwas, das man haben, besitzen, verkaufen kann. Diese bewusste oder unbewusste Auffassung kann zu Problemen führen, da die Landkarte für "Zeit" den tatsächlichen Verhältnissen nicht entspricht. Tatsächlich ist "Zeit" etwas, was von dem menschlichen Nervensystem produziert wird.

Korzybski meint, dass "Zeit" eine Art ist, zu empfinden bzw. wahrzunehmen, die von allen Nervensystemen produziert wird. Zeitempfinden ist verbunden mit Zusammenfassung und Integration, letztlich also mit Abstraktion von Daten. Die Aufsplittung dessen, was wir sehen, hören oder fühlen, in Begriffe wie Materie, Raum oder Zeit, ist eine charakteristische Funktion unseres Nervensystems.

Es ist eine Abstraktion, die innerhalb unserer Haut stattfindet. Zeit ist eine Methode der Repräsentation für uns selbst. Es handelt sich nicht um etwas, was objektiv in der Welt um uns herum existiert. "Zeit" ist ein Modell, um Eindrücke zu ordnen.

• • • • ● • ● • • •

Beschreibung und Schlussfolgerung

Auch im Bezug auf "Zeit" ist der Unterschied zwischen der Ebene der Beschreibung und der Ebene der Schlussfolgerung bedeutsam. "Zeit" auf der Ebene der Schlussfolgerung funktioniert anders als auf der Ebene der Beschreibung.

Ein Beispiel: Man denke sich ein konkretes Ereignis, wie z.B. einen Unfall. Auf der Ebene der Beschreibung hat dieser Unfall einen Ort und ist zu einer bestimmten Zeit geschehen. Das menschliche Erkenntnisvermögen scheint so konstruiert zu sein, dass ohne zeitliche und räumliche Einordnung ein Ereignis nicht zu verstehen, unverständlich ist.

Ohne kommunizieren zu können, wann und wo dieser Unfall geschah, kann ich nichts über den Unfall mitteilen. Man muss sich nur vorstellen, dass der herbeigerufene Polizeibeamte zurück zur Wache kommt und der Kommissar fragt ihn: "Wo war der Unfall?" Der Polizist antwortet: "Eigentlich nirgends." Der Kommissar fragt: "Wann war der Unfall?", und der Polizist antwortet: "Eigentlich kann man das nicht so genau sagen, es war sowohl um 12 Uhr als auch um 13 Uhr."

Der Polizist muss als allererstes Zeit und Ort dieses Unfalles notieren, sonst könnte er ihn auf der Wache nicht melden: Es geschah am 17.6.1995 um 11.00 Uhr.

Auf der Ebene der Beschreibung ist die zeitliche Einordnung eines Ereignisses nicht veränderbar, ohne dass einer der Beteiligten die Orientierung verliert. Man denke sich eine Gerichtsverhandlung, in welcher der eine meint, der Unfall habe sich am Montag, der andere meint, der Unfall habe sich am Dienstag zugetragen.

Wenn es nicht möglich wäre, mit Hilfe von Zeugen, die den Zeitbegriff des Richters teilen, den Unfall auf eine bestimmte Zeit festzulegen, käme es zu keinem Urteil. Ein konkretes Ereignis ist erst dann ein konkretes Ereignis, wenn es zeitlich und räumlich irgendwie eingeordnet werden kann. Zeit (und Raum) auf der Ebene der Beschreibung ist konsumtiv für ein Ereignis als Ereignis.

Jedes Ereignis kann aber als gegenwärtig, zukünftig oder vergangen erlebt werden. Der konkrete Unfall vor drei Jahren kann natürlich subjektiv so erlebt werden, als wäre er gestern geschehen. Die von einem Sprecher benutzten Zeitformen können im Gespräch sowohl dazu verwendet werden, um ein konkretes Ereignis zu beschreiben als auch, um die subjektive Art, wie das Ereignis erlebt wird oder erlebt wurde, anzuzeigen.

• • • • ● • ● • • •

Das Verhältnis von konkreter und subjektiv erlebter Zeit basiert letztlich auf einem Glaubenssatz über kausale Zusammenhänge darüber, wie das, was war, das beeinflusst, was jetzt ist. Man denke sich nun einen der Beteiligten aus dem vorigen Beispiel, der aus dem Unfall den Schluss zieht: "Weil ich den Unfall hatte, werde ich nie mehr fahren."

Auch auf der Ebene der Schlussfolgerung gibt es so etwas wie "Zeit". Allerdings wird sie vollkommen anders verwendet. Während "Zeit" auf der Ebene der Beschreibung Ordnungsprinzip einer mit anderen geteilten Welt ist, beschreibt die zeitliche Einordnung auf der Ebene der Schlussfolgerungen oder Glaubenssätze eine subjektiv erlebte und veränderbare Einschätzung über Zusammenhänge zwischen jetziger und vergangener oder zukünftiger "Zeit".

Die Art und Weise, wie die Schlussfolgerung aus einem Ereignis zeitlich strukturiert wird, ist ein Teil des psychischen Systems. Anhand der Zeitformen des Verbs, die jemand im Gespräch gebraucht, kann gefolgert werden, wie jemand Ereignisse auf der Ebene von Schlussfolgerungen einordnet.

Die grammatikalischen Zeitformen, anhand derer man die subjektive zeitliche Einordnung der Beschreibung eines Ereignisses erkennen kann, haben einen *Namen* (z.B. Präsens, Präteritum etc.) und eine Funktion. Die Funktion ist die, Vergangenheit, Gegenwart oder Zukunft auszudrücken. Name und Funktion sind im deutschen nicht immer identisch, daher sollten die Namen nicht mit der Funktion verwechselt werden.

Die interne Repräsentation der Schlussfolgerung aus einem Ereignis ändert sich, wenn dieses als zukünftig, gegenwärtig oder vergangen bezeichnet wird. So entstehen neue Handlungsmöglichkeiten.

• • • ● • ● • • •

Zeitformen und Glaubenssätze[5]

Präskriptive Regeln werden im Imperativ (Präsens Aktiv) abgefasst. Beispiel: "Gehe nicht bei Rot über die Ampel." Diese Regeln werden häufig subjektiv als "zeitlos gültig" oder "immer gültig" erlebt.

Ein deskriptiver Glaubenssatz ist ein Glaubenssatz über den Zusammenhang zwischen zwei zeitlich eingeordneten Ereignissen. Das gilt sowohl für Ursache-Wirkungs-Zusammenhänge als auch für komplexe Äquivalenzen.

• • • ● • ● • • •

Beispiele:

A bedeutet B, bedeutete B oder wird B bedeuten. (Komplexe Äquivalenz)

A verursacht, dass B geschah, B jetzt geschieht, B geschehen wird. (Ursache-Wirkung)

Im folgenden werde ich nur Glaubenssätze über kausale Zusammenhänge behandeln. Es gilt für Glaubenssätze über Bedeutungsbeziehungen jedoch etwas sehr ähnliches.

Beispiele:

Ich war gesund, weil ich mich vernünftig ernährt habe. (Vergangenheit → Vergangenheit)

Ich bin gesund, weil ich mich immer vernünftig ernährt habe. (Vergangenheit → Gegenwart)

Weil ich mich als junger Mensch vernünftig ernährt habe, werde ich als alter Mensch gesund sein. (Vergangenheit → Zukunft)

Wenn ich mich vernünftig ernähre, bin ich gesund. (Gegenwart → Gegenwart)

Wenn ich mich vernünftig ernähre, wird mich das gesund machen. (Gegenwart → Zukunft)

Wenn ich damit beginnen werde, mich gesund zu ernähren, werde ich gesund sein. (Zukunft → Zukunft)

Weil ich früher einige schlimme Gesundheitsprobleme hatte, ernähre ich mich jetzt vernünftig, was mich vielleicht gesünder machen wird. (Vergangenheit → Gegenwart → Zukunft)

Verallgemeinerungen über kausale Beziehungen können also zwischen allen Zeitformen hergestellt werden. Ein Glaubenssatz ist immer ein Glaubenssatz über den Zusammenhang zwischen Vergangenheit, Gegenwart und Zukunft.

Die Art, wie diese Verallgemeinerungen hergestellt werden, werden künftige Wahrnehmungen von Ereignissen beeinflussen und subjektive Unterschiede ausmachen.

• • • • ● • ● • • •

Vergangenheit → Vergangenheit

Beziehungen, die zwischen Vergangenem und Vergangenem hergestellt werden, sind eine Möglichkeit, aus dem zu lernen, was in der Vergangenheit funktionierte und was nicht. Sie bieten also eine Möglichkeit, künftiges Verhalten zu verändern. Wenn ein bestimmtes Verhalten zu Erfolg oder Misserfolg führte, kann man sich künftig danach richten. Das ist der Vorteil dieser Art von Glaubenssatz.

Vergangenheits-Vergangenheits-Glaubenssätze tendieren allerdings dazu, eine abgeschlossene Beschreibung dessen was "war" zu sein und keinerlei Bezug mehr zur Zukunft oder Gegenwart zu haben. Die sprachliche Formulierung suggeriert eine Art von Abgeschlossenheit, die den Glaubenssatz in sich selbst enden lassen kann, frei nach dem Motto: Da kann man jetzt auch nichts mehr machen. Wenn gar kein Bezug zur Gegenwart hergestellt wird, bringt der Glaubenssatz auch keinen Lerneffekt.

Die einschränkende Wirkung eines solchen Glaubenssatzes kann man also verändern, wenn Zeitformen benutzt werden, um eine Vergangenheits-Gegenwarts-Zukunftsrelation herzustellen.

• • • ● • ● • • •

Vergangenheit → Gegenwart

Diese Art von Beziehung zwischen Vergangenheit und Gegenwart kann Informationen bieten, wie die Dinge wurden, wie sie sind. Vergangenheit wird als etwas wahrgenommen, was einen Einfluss auf die Gegenwart hat. Dabei kann der Fokus sehr weit oder sehr eng sein. Etwas, das jetzt passiert, wird als Konsequenz eines vergangenen Ereignisses wahrgenommen.

Das kann einen immensen Lerneffekt mit sich bringen. Die Erfahrung, dass man sich gut fühlt, weil man letzte Woche Sport getrieben hat, kann einen motivieren, nächste Woche ebenfalls Sport zu treiben.

Auch ein solcher Glaubenssatz wird einschränkend, wenn er als etwas begriffen wird, das in sich selbst endet. Es kann informativ sein, zu wissen, dass man heute seinen Bruder nicht mag, weil er einen als kleines Kind immer verhauen hat und nie anerkannte. Problematisch wird diese Struktur, wenn man die Vergangenheit als Rechtfertigung begreift, die Dinge jetzt so zu lassen, wie sie sind, weil sie eh durch die Vergangenheit determiniert wurden.

• • • ● • ● • • ·

Vergangenheit → Zukunft

Diese Art Glaubenssatz suggeriert, dass vergangene Ereignisse eine Auswirkung auf die Zukunft haben werden. Da man die Zukunft nie mit Sicherheit voraussagen kann, können diese Glaubenssätze eine jetzt stattfindende Versicherung oder Rechtfertigung für das sein, was in der Zukunft sein wird.

Das kann tröstlich sein, wenn man sich Sicherheit wünscht. Es kann wunderbar sein, wenn die Ereignisse der Vergangenheit eine Zukunft versprechen, die es wert ist, gelebt zu werden. Und es kann schrecklich sein, wenn die Ereignisse der Vergangenheit eine fürchterliche Zukunft vorhersagen und trotzdem im fatalistischen Sinne an die Relation geglaubt wird, als wäre sie die einzig mögliche; als wäre zwischen Vergangenheit und Zukunft nichts.

Dann wird die Gegenwart geleugnet und damit auch Handlungs- und Veränderungsmöglichkeiten.

• • • ● • ● • • ·

Gegenwart → Gegenwart

Gegenwarts-Gegenwarts-Beziehungen beschreiben Zusammenhänge, die jetzt gerade oder zeitgleich stattfinden, wie z.B.: "Es macht mich glücklich, den Sonnenuntergang zu beobachten." Das ist eine gute Möglichkeit herauszufinden, was einen beeinflusst hat, etwas zu tun.

• • • • ● ● ● ● • • •

Gegenwart → Zukunft

Wenn man annimmt, dass das, was man jetzt tut, notwendigerweise zu bestimmten Ergebnissen in der Zukunft führt, stellt man eine Gegenwarts-Zukunfts-Relation her. Zukunft wird als etwas wahrgenommen, das mit dem, was jetzt passiert, in einem kontingenten Zusammenhang steht.

Auf diese Weise kann man spezifizieren, was jetzt getan werden muss, damit eine bestimmte Art Zukunft gelebt werden kann oder damit sie nicht eintrifft. Wer sein jetziges Rauchen in einem kontingenten Zusammenhang mit einem künftigen Herzinfarkt sehen kann, wird es wahrscheinlich aufgeben.

Das macht diese Relation sehr wichtig, um langfristige Ziele, wie z.B. eine Karriere zu erreichen. Diese Relation eröffnet sehr viele

Handlungsmöglichkeiten und ist die günstigste Struktur, um Pläne auch umzusetzen.

Andererseits ist Zukunft nie vollkommen vorhersagbar, zwischen jetzt und morgen können jede Menge Faktoren eintreffen, die die erwünschte Zukunft zunichte machen. Wer blind an diese Relation glaubt, gerät in einen Verzweiflungszustand, wenn er zu spät merkt, dass alles erst vorüber ist, wenn es vorüber ist.

Jahrelanges Sparen kann durch Inflation zunichte gemacht werden, die beste Karriere kann durch Krankheit ruiniert werden etc. Fatal wird diese Relation, wenn ein Zusammenhang wie: "Wenn ich jetzt rauche, werde ich an Herzinfarkt sterben" als notwendigerweise gültig begriffen wird und daher als Rechtfertigung dient, weiterhin zu rauchen.

• • • • ● • ● • • •

Zukunft → Zukunft

Diese Beziehung ist die Struktur des Planens. Es ist die magische Kugel, in die man hineinsehen kann. Wenn ich in der Zukunft dies und jenes tue, werde ich dies und das erreichen – vielleicht. Es ist die Struktur der Spekulation.

Es ist notwendig zu planen, wenn man etwas erreichen will, aber gelegentlich wird a) die Gegenwart darüber vergessen und b) das Wort "vielleicht". Es gibt in der Gegenwart keinerlei Evidenzen dafür, dass das, was zukünftig eintreffen soll, auch eintreffen wird. Wer das "vielleicht" vergisst, reagiert auf die Gegenwart so, als wäre die Zukunft schon eingetroffen.

Wer die Zukunft ohne Bezug zur Gegenwart wahrnimmt (Morgen werde ich beginnen, ein anderer Mensch zu sein und dann wird sich mein Leben ändern) ist heute passiv.

Zusammenfassung

In allen Relationen zwischen den einzelnen Zeiten zeigt sich, dass die Beziehungen sowohl nützlich als auch einschränkend sein können.

Ein einschränkender Glaubenssatz ist eine *statische Theorie* – eine Interpretation, die behandelt wird wie eine Beschreibung, nämlich als eine Aussage, die als unveränderbar gültig angesehen wird.

Eine solche Theorie regelt die Interpretation sehr vieler Kontexte, weil sie unabhängig vom Kontext wahr sein soll.

Das Ziel in der Arbeit mit Zeitformen besteht unter anderem darin, eine statische Theorie zu dynamisieren und ein für das jeweilige Ziel unangemessenes Zeitverhältnis gegen ein angemessenes auszutauschen.

Übersicht über die verschiedenen Zeitformen

A. Gegenwart (Funktion):

Beispiele:

Präsens:

Ich schreibe einen Brief.

Das Ereignis wird als gegenwärtig erlebt, als sehr aktuell, eher als statisch.

• • • ● • ● • • •

Futur I:

Sie werden sehen, dass Sie *jetzt beginnen sich zu verändern.*

Das Ereignis wird als gegenwärtig erlebt, jedoch mit einem stärkeren Bezug auf Zukünftiges. Die Erlebnisweise ist vage, offener, beinhaltet mehr Möglichkeiten. Enthält eine Komponente von Vermutung (sehr wahrscheinlich werden Sie das einsehen).

• • • ● • ● • • •

Perfekt:

Eine Veränderung dieses Problems ist schnell geschehen.

Die Aussage wird als allgemeingültig erlebt. Glaubenssätze weisen häufig diese Form auf!!

• • • ● • ● • • •

B. Zukunft (Funktion):

Präsens:

Morgen bin ich gesund.

Bezug auf Zukünftiges, ein noch nicht begonnenes Geschehen. Sprachliche Form des "Future Pace", programmiert den Hörer und den Sprecher darauf, etwas in der Zukunft zu sein, zu empfinden, etc.

• • • ● • ● • • •

Futur I:

Du wirst es sehr nützlich finden, wenn du jetzt Zeitformen lernst.

Das Geschehen wird erst nach dem Sprechzeitpunkt einsetzen, programmiert den Hörer darauf, etwas in der Zukunft zu denken oder zu empfinden.

· · · ● ● · ● ● · · ·

Futur II:

Du wirst in drei Monaten zurückschauen und erkennen, wie es war, das Problem am Tage nach unserem Gespräch gelöst zu haben.

An einem Punkt in der Zukunft ist ein Ereignis, das erst nach dem Sprechzeitpunkt geschehen wird, bereits abgeschlossen.

· · · ● ● · ● ● · · ·

C. Vergangenheit (Funktion):

Beispiele:

Präsens:

Da liege ich gestern auf der Couch und lese ein NLP-Buch; plötzlich wird mir klar, was die Arbeit mit Glaubenssätzen bedeutet.

Ein vergangenes Ereignis wird als sehr aktuell und gegenwärtig oder "wahr" erlebt.

· · · · ● · ● · · ·

Praeteritum:

Gestern las ich das Buch.

Diese Form wird gewählt, um einen Vorgang dem Sprechzeitpunkt als entrückt und abgeschlossen darzustellen.

· · · ● · ● · · ·

Perfekt:

Ich habe diese Technik schon einmal vor drei Jahren gemacht.

Die Handlung ist zwar abgeschlossen, ist für die Gegenwart aber noch entscheidend. Das Geschehen, die Tatsache usw. ist noch nicht völlig abgeschlossen. Sie ist für die Gegenwart noch wichtig.

• • • ● • ● • • •

Plusquamperfekt:

Ich hatte damals schon das Problem gelöst.

Die Handlung war zu einem vom Sprechzeitpunkt vergangenen Sprechzeitpunkt schon abgeschlossen.

• • • ● • ● • • •

Glaubenssätze und systemische Sichtweise

"Die Prozesse, die sich in einer Person und zwischen Menschen und ihrer Umwelt abspielen, sind systemisch. Unsere Körper, unsere Gesellschaft und unser Universum bilden eine Ökologie von Systemen und Sub-Systemen, die alle miteinander interagieren und sich gegenseitig beeinflussen".[6]

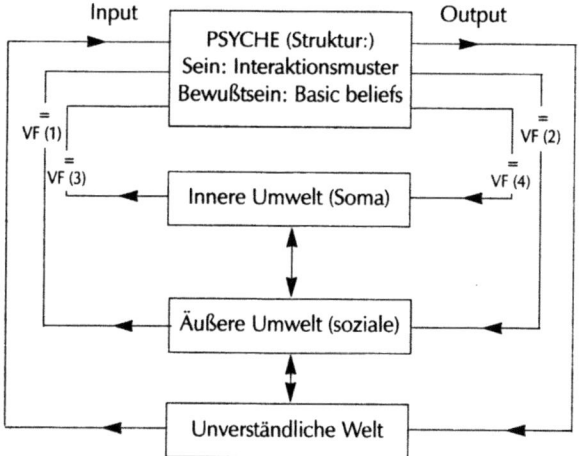

Abbildung 10: zitiert nach: R. Lay 1989

Diese Sichtweise von Dilts kommt dem Modell von Rupert Lay (s. Abb. 10) nahe. Lay hat, um Missverständnissen vorzubeugen, mit der NLP-Szene nichts zu tun. Sein Modell wurde für alle Arten von Kommunikationstrainings entwickelt.

Es illustriert, wie man eine systemische Sicht des Menschen in ein anschauliches Modell übersetzen kann. Deshalb benutze ich es hier, um sichtbar zu machen, wie die Arbeit mit Glaubenssätzen in eine systemische Sicht des Menschen eingefügt werden kann.

Lay beschreibt in seinem Modell, wie die Wechselwirkung von Systemelementen in der menschlichen Psyche aussieht. Er sieht Person-Sein als eine dialektische Einheit der "Elemente" Psyche (System), Körper (Innere *Umwelt)* und sozialem Eingebettetsein *(Äußere Umwelt).*

Alle drei sind sehr wohl voneinander unterscheidbar. Dennoch sind sie aber existentiell aufeinander bezogen, und eine Veränderung in einem Bereich erzwingt (mit eventuellen Verzögerungsfaktoren) solche in den beiden anderen. Der Mensch handelt also als psychosomatische Einheit (denkt, versteht, interagiert).

"Es (das psychische System, Anm. d. Autorin) bildet eine kybernetische Einheit mit (a) seiner *inneren Umwelt* (dem Leib, der Leiblichkeit), mit seiner (b) *äußeren Umwelt* (der sozialen) und der *,Unverständlichen Welt',* das ist der Teil von Welt, der nicht zur Umwelt gemacht werden konnte.

Umwelt ist der Teil von Welt, in den die Psyche Informationen abgeben kann, so dass die Reaktionen dieser Umwelt im Erwartungskegel des psychischen Systems liegen. Ebenso können Informationen, die aus der Umwelt kommen, für diese verständlich vom psychischen System verarbeitet werden".[7]

Die "Umwelt" des psychischen Systems ist sowohl der Körper als auch die soziale Umwelt, in der der Mensch lebt. "Umwelt" ist der Teil des Systems, dessen Inputs das psychische System irgendwie verarbeiten kann.

Für einen Menschen, dessen primäres Repräsentationssystem visuell ist, sind visuelle Inputs Teil seiner Umwelt. Wer in einem Kontext wie z.B. "Lernen" keine auditiven Inputs verarbeiten kann, für den ist dann ein großer Teil dieses Kontextes Teil der *Unverständlichen Welt*.

Das psychische System besteht aus zwei Strukturelementen: den Seins-Strukturen (*Kriterien oder Normen*), die die Interaktionsmuster eines Menschen mit den beiden Umwelten bestimmen, und den Bewusstseins-Strukturen. Diese sind die Werteinstellungen und Orientierungen (*Basic beliefs*) eines Menschen, die mit den Seins-Strukturen eine mehr oder minder stabile Einheit bilden.

Die *Unverständliche Welt* ist der Teil der Welt, der von dem psychischen System (noch) nicht verarbeitet werden kann. Im Sinne des NLP-Modells sind z.B. die Informationen eines Repräsentationssystems, das aus irgendeinem Grunde ausgeschaltet werden musste, Teil der *Unverständlichen Welt* des Individuums. Alles, was so unverständlich und fremd ist, dass das psychische System keine Möglichkeit hat, darauf zu reagieren, wird Teil der *Unverständlichen Welt*.

"Umwelt" ist nicht identisch mit der realen sozialen oder somatischen Welt, sondern ist deren durch das System erzeugtes Modell.

"Menschen reagieren auf ihre eigene Wahrnehmung der Realität".[8]

Das in der Abbildung 10 gezeigte Modell beschreibt die Wechselwirkung zwischen Kommunikationsverhalten und Glaubenssätzen.

Die Strukturelemente eines psychischen Systems sind nicht unmittelbar zu beobachten, sondern bestenfalls aus den Interaktionsmustern (oder Symptomen) eines Menschen zu erschließen.

Diese Muster sind die in der Vergangenheit oder der Gegenwart erworbenen oder erzeugten Bedeutungen und Regeln. Glaubenssätze kann man also nicht sehen wie Verhalten, sondern nur aus Verhalten interpretieren. Die Interpretation kann zutreffend sein, sie ist letztlich aber nicht beweisbar.

Das psychische System passt sich über kybernetische Regelprozesse an seine Umwelt an, indem es Inputs aus der *Äußeren Umwelt* und der *Unverständlichen Welt* verarbeitet und entsprechende Strukturen ausbildet. Wer nur bestimmte sinnesspezifische Informationen verarbeiten kann, vielleicht nur visuelle, dessen psychisches System wird mit der Zeit entsprechende Strukturen ausbilden.

Je weniger ein psychisches System fähig ist, Informationen aus seiner Umgebung zu verarbeiten, desto geschlossener wird es und desto fehlorientierter handelt dieses System in der Welt.

Im NLP wird aus den Prädikaten (Verben, Adjektive und Adverbien, also Wörter, die Qualitäten oder Eigenschaften bezeichnen, im Gegensatz zu Wörtern, die Dinge bezeichnen), die im Gespräch gebraucht werden, auf die Art und Weise geschlossen, welche sinnesspezifischen Informationen das Individuum verarbeiten kann. Jemand, der die Informationen eines Sinnessystems herausfiltert, benutzt die entsprechenden Prädikate nicht (also beispielsweise keine kinästhetischen Prädikate). Anhand der benutzten Prädikate lässt sich schließen, wie jemand filtert.

Die verschiedenen NLP-Modelle, die in diesem Buch vorgestellt werden, sind verschiedene Möglichkeiten:

1. Strukturen zu identifizieren, und

2. diese durch einen entsprechenden Input aus der *Äußeren Umwelt* zu verändern.

Die in der Graphik Abb. 9 verwendete Abkürzung "VF" bedeutet: die Verzögerungsfaktoren, die in die kybernetischen Prozesse eingebaut sind und die verhindern, dass der Organismus sich an jede beliebige Information aus Umwelt und Welt anpasst. Die Psyche gewinnt ihre Identität über Strukturen: die Werteinstellungen und Orientierungen (Basic beliefs), die mit den Seins-Strukturen, den Interaktionsmustern, in Wechselwirkung stehen.

Man kann nicht mit hundertprozentiger Sicherheit vorhersagen, welcher Input zu welchem Output führt. Es wäre zudem falsch, anzunehmen, dass es so etwas wie einen "objektiven Input" gibt. Ein Input, den das psychische System verarbeitet, ist bereits ein unbewusst interpretierter Input.

Die sogenannten "Basic beliefs" nennt Robert Dilts "Kern-Glaubenssätze".

Das NLP-Modell bietet zahlreiche Ansatzpunkte, diese Strukturelemente aus dem Kommunikationsverhalten eines Individuums zu erschließen.

• • • ● • ● • • •

Das reicht von dem Modell der Repräsentationssysteme über die Untersuchung von Zeitformen, die Identifikation komplexer Strukturen mit Hilfe des Meta-Modells und des Modifizierten Meta-Modells bis hin zur Verwendung von Präsuppositionen.

---

1. Dilts, 1992

2. Dilts, 1992

3. Dilts, 1993

4. Dilts, 1993

5. Cameron-Bandler, Leslie; Gordon, David; Lebeau, Michael, 1995

6. Dilts, 1992

7. Lay, 1989

8. Dilts, 1992

DAS SYSTEM VON GLAUBENSSÄTZEN

464. Was ich lehren will, ist: Von einem nichtoffenkundigen Unsinn zu einem offenkundigen übergehen. (Aus: Ludwig Wittgenstein, Philosophische Untersuchungen, § 464)

• • • ● • ● • • •

Arbeit mit Vorannahmen

"Denken Sie also daran, dass Menschen nicht immer durch einen einzigen Glaubenssatz eingeschränkt werden. Sie haben es immer mit einem ganzen System zu tun".[1]

Wenn man sich den explizit geäußerten oder den gerade identifizierten Glaubenssatz als die Spitze eines Eisberges vorstellt, sind die Präsuppositionen (Vorannahmen) dieses Satzes wie die unter der Wasseroberfläche liegenden Teile des Eisberges. Bekanntlich ereignete sich das Unglück auf der Titanic, weil man einen unter der Wasseroberfläche treibenden Teil des Eisbergs rammte. Die Spitze hatte man gesehen und umfahren.

In der traditionellen Logik ist eine "Präsupposition" eine Bezeichnung für *eine nicht explizite* Voraussetzung. Eines der bekanntesten Beispiele hierfür ist das antike Paradoxon des "gehörnten Mannes": Ein Mann sagt zu einem anderen: "Alles, was man nicht verloren hat, besitzt man noch. Du hast keine Hörner[2] verloren.

Also musst du noch Hörner tragen!" Das Argument wird erst nach Hinzufügen der Präsupposition: "Was man jemals besessen und nicht verloren hat ..." zur ersten Prämisse schlüssig. Die nicht explizite Vorannahme ist: Der Mann hat einmal Hörner besessen.

Präsuppositionen bilden ein System von Glaubenssätzen, in die ein problematischer Glaubenssatz eingebettet ist. Daher kann man, wenn man Präsuppositionen identifiziert, sogenannten "roten Heringen"[3]schnell auf die Spur kommen. Der gezielte Einsatz von Präsuppositionsauslösern ist eine Möglichkeit, die eigene kommunikative Kompetenz zu verbessern.

• • • ● • ● • • •

Was sind Präsuppositionen?

Die Vorannahmen (Präsuppositionen) eines Satzes sind das, was ein Sprecher für wahr oder gegeben halten muss, damit seine Aussage ebenfalls wahr oder sinnvoll sein kann.

Der Pragmatiker Levinson hat Präsuppositionen als den Hintergrund beschrieben auf dem eine "Gestalt" – der geäußerte Satz – sichtbar wird: "Eine nützliche Analogie ist hier die Vorstellung von *Gestalt* und *Grund* in der Gestaltpsychologie: in einem Bild sticht eine Figur nur relativ zu einem Hintergrund heraus, und es gibt wohlbekannte visuelle Illusionen oder ‚Ambiguitäten', bei denen Gestalt und Grund austauschbar sind, was sichtbar macht, dass die Wahrnehmung des einen immer zur Wahrnehmung des anderen relativ ist.

Analog dazu wäre die Gestalt einer Äußerung das Ausgesagte oder der Hauptpunkt des Gesagten, der Grund aber die Menge der Präsuppositionen, vor deren Hintergrund die Gestalt eingeschätzt wird".[4]

Die Präsuppositionen eines Satzes verweisen daher auf das System von Sätzen, in die ein Glaubenssatz eingebettet ist.

Das Meta-Modell sieht Präsuppositionen als Grundannahmen an, die in den Oberflächenstrukturen des Sprechers eines Satzes auftauchen.

Ein Beispiel:

Das Ungeheuer von Loch Ness hat wieder zugeschlagen.

Der Sprecher, der die Aussage eines solchen Satzes für wahr hält, behauptet implizit, dass der Satz:

Es gibt ein Ungeheuer von Loch Ness

ebenfalls wahr ist. Der zweite Satz ist die Präsupposition des ersten Satzes. Zwischen beiden Sätzen besteht folgende Beziehung: *Satz 2 muss wahr (oder gültig) sein, damit Satz 1 ebenfalls wahr (oder gültig) sein kann.*

Die Vorannahmen (Präsuppositionen) sind das, was das "Modell der Welt" eines Sprechers ausmacht.

Die Überlegung ist folgende: Wenn ein Sprecher Sätze äußert und wenn es zu diesen Sätzen weitere Sätze gibt, die ein Sprecher für wahr oder gegeben halten muss, damit seine Äußerungen Sinn machen, dann sind diese Präsuppositionen wichtige Elemente der psychischen Struktur des Sprechers.

Präsuppositionen machen sowohl die Normen als auch die Basic *beliefs* eines Sprechers deutlich.

Auf der Output-Seite lassen sich mit Hilfe von Präsuppositionen Strukturen der Psyche des Sprechers identifizieren, auf der Input-Seite können Mitteilungen so verpackt werden, dass die vom Sender erwünschte Art der Interpretation erfolgt.

$$\cdot \; \cdot \; \bullet \; \bullet \; \bullet \; \bullet \; \bullet \; \bullet \; \cdot \; \cdot$$

Präsuppositionen im bedeutungsgebenden Prozess

Vorannahmen (Präsuppositionen) können Vermutungen, Ideen, Schlüsse, Wissenspartikel sein, die ein Sprecher für wahr hält und die er daher nicht mehr durch sinnesspezifische Erfahrung überprüft. Vorannahmen (Präsuppositionen) sind weitgehend erlernt oder das Resultat früherer Erlebnisse eines Sprechers.

Vorannahmen (Präsuppositionen) bilden den Kontext, innerhalb dessen jede Erfahrung eines Menschen interpretiert wird.

$$\cdot \; \cdot \; \bullet \; \bullet \; \bullet \; \bullet \; \bullet \; \bullet \; \cdot \; \cdot$$

Wie in den vorangegangenen Kapiteln gezeigt wurde, können Präsuppositionen sich

- auf Strukturen beziehen

(z.b.: Informationen lassen sich in Ursache-Wirkungs-Zusammenhängen strukturieren),

- auf Inhalte beziehen

(z.b.: Etwas existiert, z.b. das Ungeheuer von Loch Ness).

• • • • ● • ● • • •

Präsuppositionen und Glaubenssysteme

Da Vorannahmen, die jemand macht, diesem Menschen nur teilweise oder gar nicht bewusst sind, können die wenigsten Menschen ihre Vorannahmen bewusst angeben.

Vorannahmen müssen also aus sprachlichen Äußerungen (also aus allen nonverbalen und verbalen Aspekten eines Sprechaktes) erschlossen werden.

Die Vorannahmen (Präsuppositionen) eines Sprechers werden also an bestimmten Aspekten der Oberflächenstruktur eines Satzes erkennbar. Solche sprachliche Einheiten, die Präsuppositionen "hervorbringen", werden Präsuppositionsauslöser genannt.

Ein Präsuppositionsauslöser gibt einen Hinweis, welche Vorannahmen (Präsuppositionen) ein Sprecher machen muss, um den Satz für wahr, gültig oder zutreffend zu halten.

Präsuppositionsauslöser in einem Satz suggerieren einem Hörer: So möchte ich, dass der Satz verstanden wird.

Präsuppositionsauslöser sind Wörter oder Wortgruppen, die den Hörer eines Satzes dazu anleiten, den Satz in einer vom Sprecher bewusst oder unbewusst gewollten Weise zu verstehen. Das bedeutet nicht, dass der Hörer eines Satzes tatsächlich und faktisch den Satz so versteht, wie der Sprecher ihn gemeint hat. Gewisse Konstruktionen machen es jedoch wahrscheinlicher, dass der Hörer gegenüber anderen bestimmte Schlüsse zieht.

Wenn bestimmte Präsuppositionsauslöser in der syntaktischen Oberflächenstruktur einer Äußerung auftauchen, *lässt sich daraus als Hörer in berechtigter Weise schließen, dass dieser Mensch entsprechende Vorannahmen macht.*

Sprachliche Hinweise auf Vorannahmen (Präsuppositionen) sind das, was es einem Hörer ermöglicht, das Modell von Welt eines Sprechers zu verstehen. Der Prozess des Verstehens wird in der Semantik folgendermaßen beschrieben: *Verstehen heißt, dass ein Hörer (oder Leser) aufgrund seines Wissens (Sprach-, Situations- und Weltkenntnisse) gewisse Schlüsse aus einer Äußerung zieht.*

· · · · ● ● ● · · ·

Ich verstehe jemanden, wenn ich die Schlüsse aus seiner Äußerung ziehe, die der Sprecher gewollt hat. Ich verstehe ihn nicht, wenn ich seinen Satz vollkommen falsch interpretiere.

Die Oberflächenstruktur eines Satzes bietet Hinweise darauf, wie der Satz verstanden werden sollte. In dem Beispiel: *Das Ungeheuer von Loch Ness hat wieder zugeschlagen* – war die Tatsache, dass der Artikel "Das" verwendet wurde, ein Hinweis darauf, dass der Sprecher annimmt, dass das Ungeheuer tatsächlich existiert.

Der Hörer eines Satzes wie: *Das Kind Marianne lief nach Hause* – ist berechtigt, aus der Verwendung des bestimmten Artikels zu schließen, dass ein Kind namens Marianne existiert.

Es gibt verschiedene Arten von Präsuppositionen, hier interessieren besonders die sogenannten *zeichengebundenen* Präsuppositionen.

Zeichengebundene Präsuppositionen sind solche, die an bestimmte syntaktische Konstruktionen oder die Bedeutung bestimmter Wörter gebunden sind. Die beiden oben genannten Beispiele zeigten auf, wie Präsuppositionen an die syntaktische Oberfläche eines Satzes gebunden sein können (hier: die Verwendung des Artikels).

Beispiel: *Sven hat es geschafft, die Karten für das Rockkonzert zu kaufen.*

Die mitgemeinte Bedeutung dieses Satzes ist: Sven musste sich bemühen. Das ist nicht explizit gesagt worden. Die Bedeutung von *es schaffen, etwas zu tun* schließt ein, dass sich jemand bemüht hat.

Die Präsupposition: *"Sven musste sich um die Karten bemühen"* ist hier an die Bedeutung des Verbs "geschafft haben, etwas zu tun" gebunden.

Mit Hilfe von Präsuppositionsauslösern lässt sich der Kontext rekonstruieren, innerhalb dessen eine Äußerung oder eine Handlung sinnvoll ist. Ein Beispiel dafür war die (fiktive) Äußerung: "Das Ungeheuer von Loch Ness hat wieder zugeschlagen."

Der Sprecher muss annehmen, dass das Ungeheuer von Loch Ness existiert, um einen solchen Satz – solange er nicht ironisch gemeint ist – zu äußern.

Der Hörer ist berechtigt zu schließen, dass der Sprecher dies annimmt.

· · · ● · ● · · ·

Negationen

Eine weitere entscheidende Eigenschaft von Präsuppositionen ist: Sie verschwinden nicht (immer), wenn ein Sprecher seinen Satz negiert: *Das Ungeheuer von Loch Ness hat noch nicht wieder zugeschlagen –* hat die gleiche Präsupposition wie das obige Beispiel, nämlich: *Das Ungeheuer von Loch Ness existiert.*

· · · ● · ● · · ·

Kommunikative Kompetenz und Präsuppositionsauslöser

Wenn Vorannahmen (Präsuppositionen) an bestimmte Präsuppositionsauslöser gebunden sind und diese einen Hörer dazu veranlassen, bestimmte Schlüsse zu ziehen, dann lassen sich Präsuppositionsauslöser auch aktiv nutzen.

Man kann also in den eigenen Sätzen diese Präsuppositionsauslöser *bewußt im Gespräch verwenden.* Der Hörer wird aus der Äußerung des Sprechers die erwünschten Schlüsse mit hoher Wahrscheinlichkeit ziehen.

1. Bestimmen Sie irgend etwas, was Sie dem Hörer mitteilen möchten.

2. „Verpacken Sie es in einen Satz, der die gewünschten Präsuppositionsauslöser enthält."

Der Linguist Lauri Kartunnen hat etwa dreißig semantische und syntaktische Präsuppositionsauslöser gesammelt. Diese Liste wurde (unvollständig) von John Grinder für das NLP übernommen. Sie erwies sich für die therapeutische Arbeit als außerordentlich nützlich.

Die Liste mit Präsuppositionsauslösern: Der Pfeil "→" bedeutet "setzt voraus".

• • • ●•●•● • • •

Einfache Präsuppositionen

Das sind die Präsuppositionsauslöser, die auf "rote Heringe" hinweisen.

1. Eigennamen: *Wombats*Die *Wombats* mögen es nicht, wenn man sie stört!(→ Die Wombats existieren, es gibt Wombats.)

2. Pronomen: *ihm, ihr, ihnen* usw.Ich gab ihm einige Blätter zu fressen.(→ Ein männliches Wesen existiert.)

3. Definitive Beschreibungen:Hans sah *den Mann* mit zwei Köpfen (nicht).(→ Ein Mann mit zwei Köpfen existiert.)

4. Gattungsbegriffe, die eine ganze Klasse von Gegenständen, Menschen oder Tieren usw. bezeichnen:*Einhörner* leben im Wald. (→ Es gibt Einhörner.)

5. Universalquantoren und Existenzquantoren: *alle, einige* etc.*Einige* Einhörner fressen Gras.(→ Es gibt Einhörner.)

Komplexe Präsuppositionen

Die Präsuppositionsauslöser verweisen darauf, dass vom Sprecher mehr vorausgesetzt wird als die bloße Existenz. Diese Präsuppositionsauslöser lassen sich nutzen, um einen wirkungsvollen Input zu gestalten.

- Einem Substantiv folgt ein Satz, der mit einem „der", „die" oder „das" beginnt. Das Vertrauen, *das* du empfinden wirst, wird für dich überraschend sein!(→ Du wirst Vertrauen empfinden.)

- Zeitliche Nebensätze: Nebensätze, die durch Schlüsselwörter wie „bevor", „nach", „während", „als", „seit" usw. gekennzeichnet sind. *Während* du dich vertrauensvoll fühlst, erinnere dich daran, zu *pacen.*(→ Du wirst dich vertrauensvoll fühlen.)

- Kluft-Sätze: Sätze, die mit einem „Es war/es ist" beginnen. *Werden es* deine Fähigkeiten sein, auf die du dein Vertrauen stützt?(→ Du wirst dein Vertrauen auf etwas stützen.)

- Pseudo-Kluft-Sätze: Sätze, die mit „Was ... [Satz] ist [Satz]" beginnen. Was dich vertrauensvoll sein lässt, ist dein Charme.(→ Du kannst vertrauensvoll sein.)

· · · ● ● ● · · ·

- Betonte Sätze (stimmliche Betonung):Wirst du *PLÖTZLICH* vertrauensvoll sein? (→ Du wirst vertrauensvoll sein.)

- Sätze, in denen sogenannte komplexe Adjektive wie: neu, alt, frühere, aktuelle, vorherige usw. auftauchen. Bist du mit dem *gegenwärtigen* (aktuellen) Grad von Vertrauen zufrieden?(→ Du hast bereits einen Grad von Vertrauen erreicht.)

- Ordinalzahlen: erste, zweite, dritte, vierte, andere usw. Denkst du, wenn du das *fünfte* Mal Vertrauen empfunden hast, wirst du daran gewöhnt sein? (→ Du wirst dich fünfmal vertrauensvoll fühlen. Du wirst Vertrauen haben.)

- Komparative: -er, mehr, weniger.Möchtest du dich *vertrauensvoller* fühlen?(→ Du fühlst dich schon vertrauensvoll.)

- Komparatives „so".Ich frage mich, ob jemand *so* vertrauensvoll wie du sein wird. (→ Du wirst vertrauensvoll sein.)

- Adjektive und Adverbien, die Wiederholungen ausdrücken: auch, ebenfalls, beide, wieder zurück usw. Erwartest du, dich heute *erneut* vertrauensvoll zu fühlen? (→ Du warst zu anderen Zeiten vertrauensvoll.)

· · · ● ● ● ● ● · ·

- Verben, die Wiederholung ausdrücken: Verben und Adverbien, die mit „wieder" beginnen, wie z.B.: wiederholt, wiederkehren, wiederherstellen, wiedergeben, wiederbesetzen usw. Möchtest du einen guten Weg finden, das Gefühl von Vertrauen *wiederkehren* zu lassen?(→ Du hast ein Gefühl von Vertrauen.)

- Qualifikatoren: nur, sogar, außer, bloß.*Sogar* du kannst dich vertrauensvoll fühlen!(→ Du kannst dich vertrauensvoll fühlen.)

- Verben und Adverbien, die eine zeitliche Veränderung beschreiben: beginnen, aufhören, enden, anfangen, fortführen, fortsetzen, bereits, bisher, noch, mehr.Wann hast du damit begonnen, dich vertrauensvoll zu fühlen?(→ Du hast dich vertrauensvoll gefühlt.)

- Verben, die eine Zustandsveränderung ausdrücken: verändern, transformieren, umwandeln, werden usw. Es wäre schon eine ziemliche *Veränderung,* wenn du dich zu einer Person entwickeln würdest, die kein Vertrauen hat. (→ Du bist ein Mensch, der sich vertrauensvoll fühlt.)

· · · · ● · ● · · ·

- Faktive Verben und Adjektive: merkwürdig, bewusst, wissen, erkennen, bedauern usw. Bist du *zufrieden,* dass du vertrauensvoll sein kannst?(→ Du kannst vertrauensvoll sein.)

- Kommentierende Adjektive und Adverbien: glücklich, unschuldigerweise, notwendigerweise usw. Denkst du nicht, dass dein Vertrauen *bemerkenswert* ist?(→ Du hast Vertrauen.)

- Konditionalsätze, die das Nichteintreten der Aussage implizieren: Verben in Konjunktivform. Wenn *du nicht* Vertrauen genug *gehabt hättest,* auszuziehen, würdest du immer noch zu Hause leben. (→ Angenommen, du lebst nicht mehr zu Hause, bist du fähig, Vertrauen zu haben.)

- Durch „sollte" ausgedrückte unwahrscheinliche Ereignisse. *Solltest* du zeitweilig dein Vertrauen verlieren, kannst du dich selbst in einen vertrauensvollen Zustand zurückankern. (→ Ich erwarte nicht, dass du auch nur zeitweilig dein Vertrauen verlierst. Du hast Vertrauen.)

- Fragen: *Wie* vertrauensvoll bist du?(→ Du bist vertrauensvoll.)

• • • ● ● ● ● • •

- Negativfragen: *Gab es nicht* irgendeine Zeit in deinem Leben, in der du dich vertrauensvoll gefühlt hast? (→ Ich denke, irgendeine Zeit hat es gegeben, in der du dich vertrauensvoll gefühlt hast.)

- Rhetorische Fragen: *Was bringt es,* auf Zeiten zu fokussieren, in denen du nicht vertrauensvoll warst? (→ Es bringt nichts.)

- Scheinbare Verneinung. *Ich frage mich,* ob du nicht fähig bist, Vertrauen zu empfinden. (→ Ich denke, dass du schon fähig bist, Vertrauen zu empfinden.)

· · · · ● · ● · · ·

---

1. Dilts, 1993

2. "Jemanden die Hörner aufsetzen" bedeutet: Ein verheirateter Mann wird von seiner Frau mit einem anderen betrogen.

3. "Rote Heringe" sind eine Metapher von Roben Dilts. Er bezeichnet damit eine falsche Spur, die jemand legt, um einen schmerzhaften Teil zu schützen.

4. Levinson, 1990

Sleight of Mouth Patterns

Arbeit mit Glaubenssätzen im Gespräch

Sleight-of-Mouth-Patterns[1]

498. Wenn ich sage, der Befehl "Bring mir Zucker!" und "Bring mir Milch!" hat Sinn, aber nicht die Kombination "Milch mir Zucker", so heißt das nicht, dass das Aussprechen dieser Wortverbindung keine Wirkung hat. Und wenn sie nun die Wirkung hat, dass der Andre mich anstarrt und den Mund aufsperrt, so nenne ich sie deswegen nicht den Befehl, mich anzustarren etc., auch wenn ich gerade diese Wirkung hätte hervorbringen wollen. (Aus:

Ludwig Wittgenstein, Philosophische Untersuchungen, §
498)

Erweiterte Sprachmodelle

Die Sleight-of-Mouth-Patterns wurden Anfang der 80er Jahre von Robert Dilts beschrieben. Dilts beobachtete, dass Richard Bandler im Gespräch wiederkehrende Strukturen benutzte, um fehlgeformte Glaubenssätze von Gesprächspartnern zu verändern.

Die Sleight-of-Mouth-Patterns sind eine Möglichkeit, im Gespräch Veränderungsarbeit machen zu können.

Sleight-of-Mouth-Patterns sind rhetorische oder formale Mittel, um mit bereits identifizierten Glaubenssätzen zu arbeiten. Sie verändern die Beziehung zwischen einzelnen Elementen des Glaubenssatzes, entsprechend der Kritik an den Strukturen "Ursache-Wirkung" und "Komplexe Äquivalenz", die in Kapitel 7 formuliert wurden.

Sleight-of-Mouth-Pattems sind Vorschläge, wie man das, was man mitteilen möchte, in eine nützliche Form bringen kann.

Sleight-of-Mouth-Patterns werden vor allem bei Glaubenssätzen eingesetzt, die folgende *Meta-Modell-Verletzungen* enthalten:

- Ursache-Wirkung

- Komplexe Äquivalenz.

• • • • ● ● • ● • • • •

Die Sleight-of-Mouth-Patterns (Dilts)

Die Ausgangssätze (das erste Beispiel ist von Robert Dilts):

Krebs (X) verursacht Tod (Y). (Ursache–Wirkung)

Wenn sie mich besucht, bedeutet das, dass sie sich um mich kümmert (Y). (Komplexe Äquivalenz)

1. Die Form des ersten Beispieles ist: Auf X folgt notwendigerweise Y, X verursacht Y.

2. Die Form des zweiten Beispieles ist: X ist Evidenz für die Schlussfolgerung Y.

• • • • ● ● • ● • • • •

Redefinieren/Neudefinition (Redefine)

Es wird eine neue Aussage formuliert. In dieser bekommt ein Teil des Satzes, entweder X oder Y, eine neue Bedeutung. Damit werden entweder mit X mehrere Möglichkeiten oder mit Y alternative Bedeutungen assoziiert. Diese Methode ist im NLP auch als Reframing bekannt.

· · · · ● · ● · · ·

Die Ursache oder das Verhalten (die Evidenz) wird neu definiert: Allgemeine Formel für X: Es ist nicht X, es ist ...

a1) Es ist nicht Krebs, der den Tod verursacht, es ist das Zusammenbrechen des Immunsystems. (Es gibt viele Ursachen für eine Wirkung.)

a2) Es ist nicht, dass sie dich besucht, es ist die Art, wie sie sich verhält, wenn sie dich besucht, die zeigt, ob sie sich um dich kümmert. (Es gibt viele Möglichkeiten, eine Handlung zu interpretieren.)

· · · · ● · ● · · ·

Die Wirkung oder das Kriterium (die Theorie) wird neu definiert. Allgemeine Formel für Y: Es ist nicht Y, es ist ...

b1) Krebs verursacht nicht den Tod, er löst möglicherweise mangelnden Lebenswillen aus – und das können auch Glaubenssätze wie dieser.

b2) Es ist nicht unbedingt ein echtes "Kümmern", wenn sie dich besucht, es kann auch Pflichtgefühl sein.

· · · ● · ● · · ·

Konsequenz (Consequence)

Häufig macht sich ein Sprecher die Konsequenzen seines Glaubenssatzes (wie wird er aufgrund seines Glaubenssatzes sich fühlen oder handeln, wie wird er andere behandeln) nicht bewusst.

Die Aufmerksamkeit des Sprechers wird also auf eine mögliche positive oder negative Konsequenz seines Glaubenssatzes gelenkt.

· · · ● · ● · · ·

Dieses Sleight-of-Mouth-Pattern verändert nur den Inhalt, nicht die Struktur des Glaubenssatzes.

a1) Glaubenssätze wie dieser tendieren dazu, zu Sich-selbst-erfüllenden-Prophezeiungen zu werden, denn die Leute hören auf, andere Optionen in Betracht zu ziehen.

a2) Ein solcher Glaubenssatz kann dazu führen, dass du von jedem, der dich mal besucht, auch annimmst, dass er sich um dich kümmert, und das kann zu bösen Überraschungen führen.

• • • • ● • ● • • • •

Absicht (Intention)

Dieses Muster lenkt die Aufmerksamkeit des ersten Sprechers auf den Zweck, die positive Intention seines Glaubenssatzes, letztlich: die Motivation hinter seinem Glaubenssatz. Dem Sprecher wird deutlich gemacht, welche Erfahrungen ihm ein solcher Glaubenssatz ermöglicht und welche nicht.

a1) Ich weiß, dass Sie sich vor falschen Hoffnungen schützen wollen, aber so hindern Sie sich daran, irgendeine Hoffnung zu empfinden.

a2) So erlaubst du dir nicht, herauszufinden, wer sich tatsächlich um dich sorgt.

"Chunk down" - spezifischer werden

Eines der Elemente des Glaubenssatzes (X oder Y) wird auf detailliertere (spezifischere) Aussagen oder auf einen geringeren Abstraktionsgrad reduziert. Man findet aus der Menge der Referenzgegenstände, auf die sich die ursprüngliche Aussage bezieht, ein Detail, das spezifisch genug ist, um die Beziehung zwischen den beiden Elementen des Glaubenssatzes zu verändern.

Ein Beispiel für die Anwendung auf Y:

a1) Welchen Grad von Tod verursacht jede einzelne Krebszelle?

a2) Welcher der Momente, in denen sie dich besucht hatte, bedeutete das meiste Kümmern?

. • • • • ● ● ● • • • ·

"Chunk up" - allgemeinere Aussagen bilden

Ein Element des Glaubenssatzes wird zu einer größeren Klasse generalisiert, so dass die Beziehung zwischen den einzelnen Elementen des Glaubenssatzes verändert wird.

. • • • • ● ● ● • • • ·

Die Beispiele sind Beispiele für die Anwendung auf X:

a1) Verursacht eine Änderung in einem kleinerem Teil des Systems automatisch eine Zerstörung des ganzen?

a2) Wenn jemand nun jeden Tag käme und den ganzen Tag bliebe, würdest du dann annehmen, dass er sich um *dich* kümmert?

Gegenbeispiel (Counter-Example)

Es wird ein Gegenbeispiel gesucht, in welchem die Beziehung zwischen den einzelnen Elementen des Glaubenssatzes nicht dieselbe ist wie die, die in dem ursprünglichen Glaubenssatz formuliert wurde.

Allgemeine Formel:

X und nicht Y

Beispiele:

a1) Es gibt viele Berichte von Leuten, die von Krebs geheilt wurden. (X = Krebs haben; nicht Y = nicht sterben)

a2) Ich kenne eine Menge Menschen, die gar keine Zeit haben, mich regelmäßig zu besuchen, aber wenn es mir schlecht geht, kümmern sie sich um mich. (Nicht X = manche Menschen haben keine Zeit Besuche zu machen; Y = kümmern sich)

• • • ● ● • ● • • •

Zweite mögliche Formel:

Nicht X und Y

Beispiele:

b1) Krebskranke sterben häufig eher an ihrer Behandlung oder an ihrer Diagnose, als an Krebs. (Nicht X = [nicht] an Krebs; Y = sterben)

b2) Jeder Mensch hat schon einmal Besuche gemacht und sich nicht wirklich um denjenigen gekümmert, der besucht wurde. (X = Besuche machen; Y = sich nicht kümmern.)

• • • ● ● • ● • • •

Ändern des Zieles (Another Outcome)

Die vom Sprecher angenommene unbedingte Richtigkeit oder Wahrheit des Glaubenssatzes wird in Frage gestellt. Die Aufmerksamkeit des ersten Sprechers wird auf eine neue lohnende Möglichkeit gelenkt, eine, deren er sich noch nicht bewusst gewesen ist.

Beispiel für die Anwendung auf Y:

a1) Es geht nicht darum, was den Tod verursacht, sondern darum, was das Leben lebenswert macht.

a2) Es geht nicht um die Quantität der Zeit, die man miteinander verbringt, es geht um die Qualität.

Analogie (Analogy)

Metaphern oder Analogien erzählen eine Geschichte, in der die Beziehung zwischen den Elementen zu Beginn der Metapher die gleiche Struktur hat wie die ursprüngliche Aussage, und dann wird diese

Beziehung durch die Metapher verändert, so dass die Beziehung am Ende neu gesehen werden kann.

a1) Krebs ist wie ein Feld mit Gras und weiße Zellen sind wie Schafe. Wenn Stress die Menge der Schafe reduziert, nimmt das Gras überhand und überwuchert alles. Füge mehr Schafe hinzu und es wird die ökologische Harmonie wiederhergestellt.

a2) Es gab einmal eine böse Fee, die besuchte die Leute. Sie gab ihnen das Gefühl, dass sie sich um sie kümmerte. Wenn die Leute ihr glaubten, begann sie, ihnen unnütze Dinge zu verkaufen. Glaubst du, das war echte Sorge um das Wohlergehen derjenigen, die sie besuchte?

· · · · ● · ● · · ·

Rekursion (Apply to Self)

Es wird eine neue Aussage formuliert, bei der die im ursprünglichen Glaubenssatz genannten Kriterien auf den Glaubenssatz selbst angewandt werden. Wenn das alte Kriterium abwertend war, wird es nun selbst abgewertet, wenn es positiv war, wird es positiv verstärkt.

· · · · ● · ● · · ·

Die Beispiele sind Beispiele für die Anwendung auf X:

a1) Dieser Glaubenssatz hat sich wie Krebs über die Jahre hin ausgebreitet.

a2) Du könntest dich mehr darum kümmern, wer dich besucht und wer nicht.

• • • • ● • ● • • •

Die Beispiele sind Beispiele für die Anwendung auf Y:

b1) Es ist tödlich, an diesem Glaubenssatz zu stark festzuhalten.

b2) Es kann sinnvoll sein, die Leute zu besuchen, die dich besuchen.

• • • ● • ● • • •

Hierarchie der Kriterien (Hierarchy of Criteria)

Es wird eine neue Aussage formuliert, in der ein "höheres", also umfassenderes Kriterium verwendet wird, um den ursprünglichen Glaubenssatz in einem anderen, nicht mehr so bedeutsamen Licht erscheinen zu lassen.

• • • ● ● • ● ● • • •

Die Beispiele sind Beispiele für die Anwendung auf Y:

a1) Findest du nicht, dass es wichtiger ist, auf den Sinn oder Inhalt eines Lebens zu fokussieren, als darauf, wie lange es dauert?

a2) Denkst du nicht, dass es wichtiger ist, Vertrauen zu erleben, anstatt bloß Besuche?

• • • ● • ● • • • •

Ändern des Kontextes (des "Rahmens")(Change Frame Size)

Der erste Glaubenssatz wird in einer neuen Aussage in einen größeren oder kleineren Zeitrahmen gestellt, auf mehr oder weniger Leute bezogen oder es wird eine kleinere oder größere Perspektive hergestellt.

• • • ● ● • ● • • •

Die Beispiele sind Beispiele für die Anwendung auf X:

a1) Würden Sie es mögen, wenn Ihr Sohn/Ihre Tochter/Ihr Arzt diesen Glaubenssatz hätte? Wenn jeder so denken würde, würden wir niemals ein Heilmittel gegen Krebs finden. (Andere Perspektive)

a2) Es mag kurzfristig schön sein, Besuche zu bekommen, aber langfristig ist mehr nötig, um das Gefühl zu bekommen, dass sich jemand um einen kümmert. (Zeit)

• • • ● • ● • • •

Meta-Aussage (Meta Frame)

Der ursprüngliche Glaubenssatz wird in einer neuen Aussage in einen Zusammenhang mit dem momentanen, persönlichen Prozess oder Erleben des ersten Sprechers gebracht. Wer fähig ist, in die "zweite" Wahrnehmungsposition zu gehen und eigene Gefühle von denen des anderen zu trennen, kann dieses Sleight-of-Mouth-Pattern benutzen. Letztlich wird ein Glaubenssatz *über* den ursprünglichen Glaubenssatz aufgebaut.

al) Du glaubst das, weil dir ein Modell fehlt, das dir erlaubt, alle die komplexen Variablen zueinander in Beziehung zu setzen, die bei Leben und Sterben eine Rolle spielen.

a2) Du wünscht dir, dass sich jemand um dich kümmert, deshalb glaubst du, dass es mit Besuchen getan ist.

• • • ● • ● • • •

Modell der Welt (Model of the World)

Der ursprüngliche Glaubenssatz wird aus einem anderen "Modell der Welt" heraus neu interpretiert. Das bedeutet: Der zweite Sprecher findet ein Modell der Welt, in welchem die Beziehung zwischen den von dem ersten Sprecher genannten Elementen (X und Y) anders gesehen wird.

• • • ● • ● • • •

Die Beispiele sind Beispiele für die Anwendung auf X:

a1) Sehr viele Ärzte sind der Überzeugung, dass wir fast immer mutierte Zellen im Körper haben und dass nur in den Fällen, wenn das Immunsystem schwächer wird, ein Problem entsteht.

a2) Ich glaube nicht, dass ein bestimmtes Tun die Evidenz für ein Gefühl ist.

• • • ● • ● • • •

Bedeutungsbildender Prozess (Reality Strategy)

Der zweite Sprecher fragt nach den Prämissen und/oder den Fakten, von denen der ursprüngliche Glaubenssatz abgeleitet wurde:

Die Beispiele sind Beispiele für die Anwendung auf X:

a1) Wie würdest du wissen, dass das nicht stimmt?
a2) Wie/Woran erkennst du, wer sich wirklich um dich kümmert?

---

1. Sinngemäß übersetzt: Mittel, um rhetorisch geschickt „mit dem Mund", also sprachlich, umzugehen. Dieser Begriff hat sich in der Fachliteratur weitgehend als fester Begriff durchgesetzt, ich habe ihn daher nicht übersetzt.

Das Modell der logischen Ebenen

6.521 Die Lösung des Problems des Lebens merkt man am Verschwinden dieses Problems. (Ist nicht dies der Grund, warum Menschen, denen der Sinn des Lebens nach langen Zweifeln klar wurde, warum diese dann nicht sagen konnten, worin dieser Sinn bestand.) 6.522 Es gibt allerdings Unaussprechliches. Dies zeigt sich, es ist das Mystische. (Aus: Ludwig Wittgenstein, Tractatus logico-philosophicus, § 6521-6522)

• • • ● • ● • • •

Das Modell der logischen Typen

Das Modell der logischen Ebenen von Robert Dilts basiert auf dem von Bertrand Russell und N. Whitehead entwickelten Modell der logischen Typen.[1] Dieses wurde schon im Kapitel über Korzybskis NLT-Modell dargestellt. Da aber vielleicht einige Leser dieses Kapitel über die "Logischen Ebenen" vor dem anderen Kapitel lesen möchten, wiederhole ich die Darstellung hier noch einmal.

Die Typenlogik unterscheidet zwischen Individuen, die keine Mengen sind, Mengen von Individuen, Mengen von Mengen von Individuen usf. Jede Menge enthält nur Objekte eines Typs und ist immer von höherem Typ als ihre Elemente.

Die Menge der Individuen schließt die Individuen ein, die Menge der Menge von Individuen schließt die Menge der Individuen und die Individuen ein usw. Eine Menge muss stets auf einer höheren Stufe stehen als die Elemente oder Objekte, die in der Menge enthalten sind. Das gleiche gilt für Aussagen: Eine Aussage über eine Aussage ist von einem höheren logischen Typus als die Aussage selbst.

Wichtig ist, dass innerhalb dieses Modells jede höhere Ebene die tiefere einschließt. Die tiefere Ebene ist eine Voraussetzung, dass die nächsthöhere Ebene entstehen kann.

· · · ● · ● · · ·

Gregory Bateson war der erste, der dieses Modell auf die Untersuchung menschlichen Verhaltens anwandte. In seinem Aufsatz "Die logischen Kategorien von Lernen und Kommunikation"[2] benutzte Bateson das in der Principia Mathematica entwickelte Modell der logischen Typen, um die logischen Ebenen von Kommunikation und Lernen zu beschreiben. Robert Dilts schuf daraus ein für therapeutische Zwecke brauchbares Modell.

Wenn man das abstrakte Modell der logischen Typen auf Verhaltensweisen, Fähigkeiten und Glaubenssätzen anwendet, dann entsteht folgendes: Die einzelne Verhaltensweise findet in einem konkreten Kontext statt, es entspricht im Modell dem "Individuum", das keine Menge ist. Die Menge der Verhaltensweisen schließt die einzelne Verhaltensweise ein.

Die Menge der Fähigkeiten schließt die Menge der Verhaltensweisen und diese die einzelne Verhaltensweise ein. Die Menge der Glaubenssätze schließt die Menge der Fähigkeiten und diese die Menge der Verhaltensweisen und diese wiederum die einzelne Verhaltensform ein.

Die Menge der Annahmen über sich selbst (Identität) schließt die Menge der Glaubenssätze, diese die Menge der Fähigkeiten und diese die Menge der Verhaltensweisen und diese schlussendlich die einzelne konkrete Verhaltensweise ein.

Da Glaubenssätze auf einer höheren Ebene stehen als Verhaltensweisen, schließt die Änderung eines Glaubenssatzes wahrscheinlich die Veränderung von Verhaltensweisen ein. Damit sich aber ein neuer Glaubenssatz bilden kann, müssen zuerst neue Verhaltensweisen vorhanden sein, denn die Bildung eines Glaubenssatzes setzt neue Verhaltensweisen voraus.

Der Erwerb neuer Fähigkeiten setzt neue Verhaltensweisen voraus, die Bildung neuer Glaubenssätze neue Fähigkeiten und die Bildung einer neuen Definition von Identität die Bildung neuer Glaubenssätze.

Veränderungen erscheinen somit als ein zirkuläres Problem: Bevor nicht das eine Problem gelöst werden kann, kann auch nicht das andere gelöst werden, die Lösung des einen Problems bedingt aber die Lösung des anderen.

Das wurde im NLP mit der "Als-ob-Methode" gelöst. Für jede Veränderung werden zuerst die dazu nötigen Verhaltensweisen beschrieben.

(Beispiel: Angenommen, das Problem wäre gelöst, welche Verhaltensweisen würdest du dann zeigen, welche Fähigkeiten würdest du dafür brauchen, welche Glaubenssätze würden diese Fähigkeiten unterstützen, wer wirst du sein und wer wirst du im Zusammenhang mit anderen sein?)

Dann erst kann man darangehen, die faktisch vorhandenen Glaubensätze oder Verhaltensweisen zu ändern. Jede höhere Ebene kann aber auch die unter ihr liegenden Ebenen blockieren, denn jede höhere Ebene bestimmt, inwieweit Veränderungen in den darunter liegenden Ebenen möglich sind.

Neue Verhaltensweisen führen zu neuen Fähigkeiten und zu neuen Glaubenssätzen, aber alte Glaubenssätze können verhindern, dass neue Erfahrungen gemacht werden und neue Verhaltensweisen gezeigt werden.

Jede Verhaltensweise ist letztendlich eine Manifestation dessen, was wir über uns als Individuum glauben. Dazu gehören alle bewussten und unbewussten Verhaltensweisen. Als Beobachter kann man immer nur Verhaltensweisen sehen, hören oder fühlen. Ob nun jemand etwas sagt, ein Augenmuster zeigt, mit dem Fuß wackelt: es handelt sich um eine Verhaltensweise.

Alle anderen Ebenen können nur erschlossen werden, wenn ein Beobachter aus der konkreten, gesehenen Verhaltensweise eines anderen bestimmte Schlüsse zieht. Das ist wichtig: die Ebene der Fähigkeiten, der Glaubenssätze und der Identität kann man als Beobachter nie sehen, hören oder fühlen. Alle Aussagen über das reine Verhalten eines anderen hinaus sind Interpretationen des Beobachter.

Üblicherweise wird das Modell der logischen Ebenen auf die in Abbildung 12 dargestellte Weise visuell repräsentiert. Ich möchte die Abbildung 12 (übernächste Seite) vorschlagen, um deutlich zu machen, dass jede Ebene die vorangegangene einschließt und die nächste Ebene immer die vorige voraussetzt.

Diese visuelle Darstellung entspricht dem Modell der Typentheorie besser als die andere Darstellung und beugt Missverständnissen vor. Ich habe häufiger Interpretationen gehört wie: "In Wirklichkeit liegt das Problem nämlich auf der Glaubensebene" so als ob die "Glaubensebene" unabhängig von den anderen Ebenen wäre.

• • • ● • ● • • •

Beschreibung des Meta-Modells

Die unterste Ebene ist die Umgebung, in der etwas stattfindet. Diese Ebene wird mit: "Wo und Wann?" erfragt. Die Antwort beschreibt die Umgebung, den zeitlichen oder räumlichen Kontext, in welchem eine Verhaltensweise gezeigt wird.

Die darauffolgende Ebene ist die "Verhaltensebene". Verhalten wird mit sinnesspezifisch konkreten Verben beschrieben. Die Frage ist:

• • • ● • ● • • •

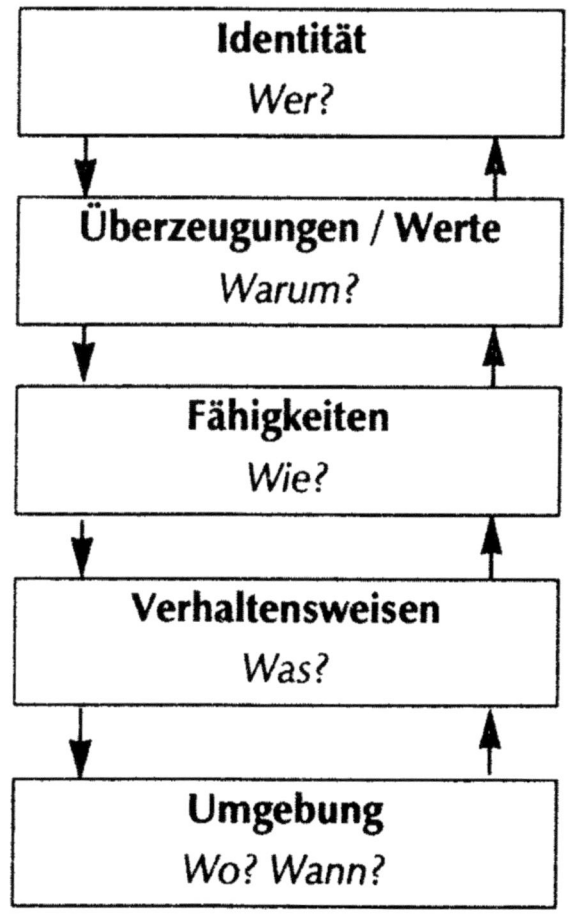

Abbildung 11: Logische Ebenen der Organisation in Systemen

"Was wird getan?" Es werden mit der Antwort Handlungen in dem zuvor definierten Kontext beschrieben.

Ein Verhalten setzt die Fähigkeit, etwas zu tun, voraus. Daher ist die nächste Ebene die Ebene der Fähigkeiten. Sie wird erfragt durch: "Wie führt jemand die Tätigkeiten aus?"

Fähigkeiten setzen Glaubenssätze und Kriterien voraus, das heißt sie werden nur eingesetzt, wenn entsprechende Glaubenssätze und Kriterien vorhanden sind, die den Einsatz dieser Fähigkeiten erlauben. Glaubenssätze und Kriterien sind Interpretationen (Schlüsse) aus früheren Erfahrungen.

Glaubenssätze sind individuelle Theorien, warum etwas so und nicht anders ist. Das bedeutet nicht, dass sie bewusst sein müssen; im Gegenteil, alle wirklich wichtigen Glaubens sätze sind unbewusst. Glaubenssätze werden mit "Warum" erfragt.

● ● ● ● ● ● ● ● ● ●

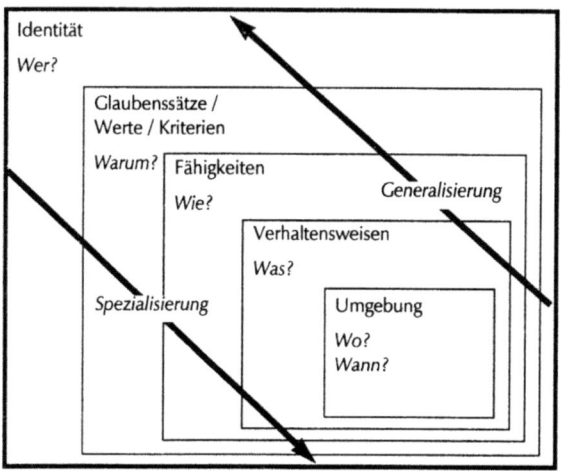

Abbildung 12: Logische Ebenen und Mengen

Einer der wichtigsten Glaubenssätze ist der Glaubenssatz über die Identität. Er ist die Interpretation zahlreicher vorausgegangener Interpretationen von Erfahrungen in einer Umwelt. Die entsprechende Frage lautet: Wer bin ich?

Die nächste Ebene setzt eine schlüssige Antwort auf die Frage "Wer bin ich?" voraus. Es ist die Ebene der Mission oder Spiritualität. Sie wird beschrieben durch Begriffe, mit denen auf die Frage geantwortet wird: "Wem diene ich mit meinen Zielen, was ist meine Mission?"

Das Modell der logischen Ebenen kann als diagnostisches Instrument eingesetzt werden.

Dieses Modell trainiert den Hörer in der semantischen Reaktion der "Nicht-Identität", indem es ihn lehrt, die verschiedenen Sprachschichten zu unterscheiden. Im Meta-Modell wird zwischen konkreten und unspezifischen Prozesswörtern unterschieden. Diese Unterscheidung wird hier benötigt, um die Verhaltensebene beschreiben und erfassen zu können.

Während Verhalten in konkreten Verben beschrieben wird, werden Fähigkeiten unter anderem in konkreten Adverbien ausgesagt. In dem Beispiel: "Er läuft schnell" beschreibt das Verb ein Verhalten (Was tut er – er läuft) und das Adverb eine Fähigkeit (Wie tut er etwas – schnell). Wenn die Antwort wäre: "Er läuft gut", wäre ein wertendes Adverb und kein beschreibendes Adverb benutzt worden. In einem solchen Satz wird eine Wertung des Sprechers ausgedrückt und nicht eine Fähigkeit des Läufers beschrieben.

"Wie tut jemand etwas?" Welche Fähigkeiten jemand hat, wird in konkreten Adverbien und Verben ausgedrückt (Er kann schnell laufen) und nicht in interpretativen oder unspezifischen (Er läuft gut).

Die Ebene der Begründungen oder "Glaubenssätze" ist ein umfassenderes Konzept als die "Fähigkeitenebene". Fähigkeiten setzen Glaubenssätze voraus, die Bildung von Glaubenssätzen basiert auf Fähigkeiten.

Je höher der Abstraktionsgrad ist, desto unspezifischer werden die sprachlichen Ausdrücke. Die Glaubensebene wird adäquat mit vagen oder unspezifischen Ausdrücken beschrieben. Die Frage nach

Kriterien und Werten wird in Ausdrücken, die wertende Adjektive und Adverbien enthalten, beantwortet.

Aussagen auf der Identitätsebene sind bei Dilts alle sortalen oder attributiven Aussagen, also alle Aussagen, die benennen "Wie jemand ist" oder "Was jemand ist". Die Fähigkeit, das Modell der logischen Ebenen einzusetzen, setzt die Fähigkeit, das Meta-Modell anzuwenden, voraus.

$$\bullet \ \bullet \ \bullet \ \bullet \ \bullet \ \bullet \ \bullet \ \bullet \ \bullet \ \bullet$$

Persönliche Veränderungen

Üblicherweise wird empfohlen, mit Veränderungsarbeit bei der höchsten logischen Ebene zu beginnen.

"Jede Ebene bestimmt, welche Veränderungen auf denen unter ihr möglich sind. Wenn der Klient auf der Ebene der Identität glaubt, er habe es nicht verdient, von der Schmach, eine Suchtpersönlichkeit zu sein, erlöst zu werden, dann ist jeder Versuch verlorene Zeit und Liebesmühe, ihm z.B. auf der Ebene des Verhaltens helfen zu wollen, sein Ziel zu erreichen".[3]

Es stimmt, dass die höhere Ebene steuert, welche Veränderungen auf den darunter liegenden Ebenen möglich sind. Und was auch betrachtet werden muss, ist der Zusammenhang zwischen zwei oder mehreren verschiedenen Ebenen.

Wenn jemand eine Fähigkeit nicht hat, beispielsweise jemand nicht fähig ist, zu schwimmen, dann ist der Schluss oder Glaubenssatz, der aus dieser Unfähigkeit gezogen wurde: "Ich kann nicht schwimmen" oder: "Ich bin Nichtschwimmer" sehr angemessen.

Wenn jemand schwimmen kann und sagt: "Ich kann nicht schwimmen", dann ist der Glaubenssatz unangemessen. Schlussfolgerungen, die auf richtig beobachteten eigenen oder fremden Fähigkeiten und Verhaltensweisen beruhen, sind angemessen.

Ein unangemessener Glaubenssatz wäre beispielsweise auch: "Ich kann nicht Schwimmen lernen" oder: "Ich bin Nichtschwimmer, also kann ich es nie lernen." Beide Aussagen wären nämlich Vorannahmen darüber, wie die Zukunft sein muss, und diese Vorannahmen können nicht auf richtig beobachteten Fakten beruhen.

Daher ist die Reihenfolge der Veränderungsarbeit, wenn man einen angemessenen Glaubenssatz verändern will: erst das Erlernen einer neuen Fähigkeit, dann verändert sich auch der Glaubenssatz ohne weitere Interventionen. Aber wenn man einen unangemessenen Glaubenssatz verändern will, dann gilt: erst eine Veränderung des Glaubenssatzes, dann das Erlernen einer neuen Fähigkeit.

Ein Nichtschwimmer lernt nur schwimmen, indem er ins Wasser geht. Andererseits wäre es gefährlich, wenn man den angemessenen Glaubenssatz eines Nichtschwimmers: "Ich kann nicht schwimmen", verändert und dann ohne weitere Interventionen hofft, dass das Testing funktioniert.

Logical level alignment

Die therapeutische Technik des "Logical level alignment" vereinigt praktisch alle Techniken, die das NLP hervorgebracht hat, in sich. Die wichtigsten sind Ankern, Pacen, Leaden, Meta-Modell und Zielbestimmung.

Der Klient stellt sich auf einen Punkt A im Raum und antwortet auf die Frage nach der Umgebung, in der das Ziel erreicht werden soll:

A – Wo und Wann möchtest du/möchte ich mein Ziel erreichen?

Nachdem dies genau beschrieben wurde, geht er einen Schritt rückwärts zu Punkt B und antwortet auf die Frage nach den Verhaltensweisen, die notwendig sind, um das Ziel zu erreichen:

$$\bullet \; \bullet \; \bullet \; \bullet \; \bullet \; \bullet \; \bullet \; \bullet \; \bullet \; \bullet$$

B – Was werde ich tun, wenn ich mein Ziel in dem beschriebenen Raum und zu der beschriebenen Zeit erreicht habe?

Dann geht er wiederum einen Schritt rückwärts. Jetzt wird er gefragt, welche Fähigkeiten er braucht, um das gewünschte Verhalten zu verwirklichen.

C – Wie werde ich diese Verhaltensweisen ausführen?

Er geht einen weiteren Schritt rückwärts. Am Punkt D fragt man ihn: Welche Glaubenssätze unterstützen den Einsatz der beschriebenen Fähigkeiten? Welchen Kriterien würde der Einsatz solcher Fähigkeiten entsprechen? Hier fragt man nach Glaubenssätzen oder Begründungen.

· · • ● • ● • • ·

D – Warum gebrauche ich diese speziellen Fähigkeiten, um diese Verhaltensweisen zu zeigen? Welche Werte sind wichtig, um dieses Ziel zu erreichen?

Einen weiteren Schritt rückwärts zu Punkt E. Frage nach der Identität.

· · • ● • ● • • ·

E – Wer bin ich? Welche Art von Person bin ich?

Dilts lässt die Beantwortung dieser Frage nur als Metapher zu, das bedeutet, der Klient findet eine Metapher für sich. Er stellt sich vor, was für ein Wesen, Tier, Fee, Märchenwesen etc. er sein würde. Das soll Fehlkonditionierungen auf strukturell unangemessene sprachliche Formen verhindern.

Einen weiteren Schritt rückwärts zu Punkt F. Frage nach der spirituellen Ebene oder der Mission.

• • • ● ● ● ● ● • •

F – Wem diene ich noch mit meinem Ziel? Was ist meine Mission?

Hier stellt sich der Klient vor, wie das zuvor visualisierte Wesen in einem größeren Kontext existiert. Auch diese Frage kann nur mit Hilfe einer Metapher beantwortet werden.

Die Antworten bringen den Klienten in einen bestimmten psycho-physiologischen Zustand. Der auf dem Punkt F erreichte Zustand wird geankert und der Klient geht einen Schritt **vorwärts zu Punkt E.**

Er wird aufgefordert sich vorzustellen, wie die Erfahrung der spirituellen Ebene seine Identität bereichert. Der neue Zustand wird geankert, und der Klient geht einen weiteren Schritt **vorwärts zu Punkt D.**

Er stellt sich vor, wie die neue Erfahrung von Spiritualität und Identität seine Gründe, Werte und Kriterien bereichern. Auch hier wird der neue Zustand geankert und der Klient geht einen Schritt **vorwärts**

zu Punkt C. Hier wird er gefragt, wie die neuen Erfahrungen seine Fähigkeiten verändern werden.

Der Zustand wird geankert wie die vorigen und der Klient geht **vorwärts zu Punkt B.** Hier beschreibt er, welche zusätzlichen Verhaltensweisen er durch die neuen Erfahrungen zeigen will und geht dann **vorwärts zu Punkt A.**

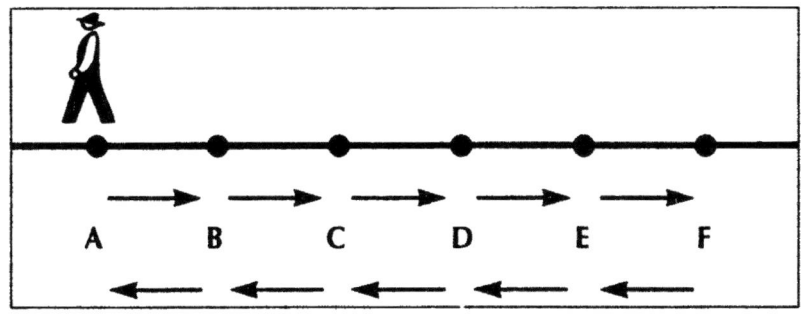

Abbildung 13: Logical level alignment

• • • ● ● ● ● • • •

Wichtig bei der Begleitung eines Menschen, der über die verschiedenen Punkte geht, ist, dass der Klient dazu angeleitet wird, auf der Fähigkeitenebene nur von Fähigkeiten, auf der Verhaltensebene nur von Verhalten usw. zu sprechen. Das trainiert die Fähigkeit, die einzelnen Ebenen auch sprachlich unterscheiden zu können.

Die Technik des "Logical level alignment" trainiert gleich mehrere gesunde Haltungen und somit einen guten ökologischen Zustand. Der

Fokus der Aufmerksamkeit des Klienten wird von der Umwelt und den Details in dieser Umwelt auf Glaubenssätze und Identitätsebene, also von außen nach innen geführt. Dabei wird die natürliche Reihenfolge in der Verarbeitung von Informationen eingehalten (Beschreibung erst, Interpretation dann) und das Bewusstsein für Nicht-Identität der verschiedenen logischen Schritte verankert.

Eine Idee zum Schluss: Seit Gregory Bateson seine Double-bind-Theorie formulierte, "verwechseln" die Schizophrenen dieser Erde logische Ebenen. Der Begriff "Verwechseln logischer Ebenen" stammt aus dem englischen und heißt hier: "Confusion of Orders of abstraction". Nun bedeutet "confusion" aber in der Anwendung auf mentale Prozesse "Unklarheit, Verwirrtheit". Das deutsche Wort "Verwechseln" ist eine ganz entfernte Bedeutung von "confusion".

Die richtige Übersetzung wäre: "Unklarheit bezüglich der Reihenfolge der Ebenen der Verarbeitung". Ich halte die deutsche Übersetzung "Verwechslung logischer Ebenen" für außerordentlich unglücklich, da das deutsche Wort die Vorstellung zweier eigenständiger Objekte suggeriert, die man miteinander vertauschen kann, so wie man Zwillinge oder Kaffeetassen miteinander verwechselt.

Das englische Wort suggeriert die Vorstellung von jemandem, der sich bezüglich der Einordnung einer Erfahrung unklar ist. Eine Idee wie z.B. "Wahrheit" als Objekt einzuschätzen, das man "haben" oder suchen kann oder dem man dienen kann, wäre eine "Unklarheit" bezüglich der Einschätzung des Abstraktionsgrades des Begriffes Wahrheit, die zu unglücklichen Ergebnissen führen kann.

Die "logischen Ebenen" sind ein logisches, kein physikalisches Modell. Wenn ich von einzelnen Ebenen spreche, dann meine ich damit Ebenen der Abstraktion von Erfahrung, die miteinander nicht identisch sind, aber dennoch miteinander zusammenhängen.

Ich meine keine abgegrenzten Elemente, auf denen man ein Problem finden kann wie seine Socken im Einfamilienhaus im oberen Stockwerk. Sprachliche Formulierungen wie: "Dein Problem *liegt* wahrscheinlich auf der Glaubensebene" stellen bereits eine "Verwechslung" von logischen Ebenen dar, da hier die Ebene zum Objekt gemacht wird, auf dem ein Problem "herumliegen" kann.

Ich schlage daher vor, künftig nicht mehr von der "Verwechslung logischer Ebenen", sondern von "Unklarheit bezüglich der logischen Ebene(n)" zu sprechen.

• • • • ● • ● • • •

Schluss

Aus den vorangegangen Kapiteln könnte man den Schluss ziehen, dass es optimal wäre, wenn alle Menschen sich immer bewusst wären, auf welcher Ebene der Abstraktion sie sich in ihrer aktuellen Modellbildung gerade befinden und wenn alle immer und jederzeit die logischen Ebenen in der Kommunikation auseinanderhalten würden. Die Gefahr in einer solchen Forderung hat Gregory Bateson erkannt und deshalb soll sein Kommentar zu einer solchen Idee hier auch als Schlusswort stehen:

"Es ist nicht bloß schlechte Naturgeschichte, wenn man anregt, dass Menschen in ihrer Kommunikation die logische Typenlehre beachten könnten oder sollten; dass sie dabei scheitern, beruht nicht allein auf Unachtsamkeit oder Unkenntnis.

Eher glauben wir, dass die Paradoxien der Abstraktion
in jeglicher Kommunikation auftauchen müssen, die
komplexer ist als die der Stimmungs-Signale, und dass die
Entwicklung der Kommunikation ohne diese Paradoxien
am Ende wäre. Dem Leben wäre dann ein endloser
Austausch von stilisierten Mitteilungen, ein Spiel mit
strengen Regeln, ohne Entlastung durch Veränderung
oder Humor".[4]

• • • ●•●• •

1. Dilts, 1976

2. Bateson 1972, in: Bateson, 1990

3. Stahl, 1992

4. Bateson, 1990

QUELLENVERZEICHNIS

Andreas, Connirae: Advanced Language Patterns: An Advanced Audio Cassette Program. Boulder, Colorado: NLP Comprehensive 1992.

Bandler, Richard: Bitte verändern Sie sich ... jetzt! Transkripte kurz-therapeutischer NLP-Sitzungen. Paderborn: Junfermann 1991, 2. Aufl. 1993.

Bandler, Richard; Grinder, John: Patterns of the Hypnotic Techniques of Milton H. Erickson, M.D., Volume 1. Cupetino, California: Meta Publications 1975.

Bandler, Richard; Grinder, John: Pattems of the Hypnotic Techniques of Milton H. Erickson, M.D., Volume 2. Cupertino, California: Meta Publications 1977.

Bandler, Richard; Grinder, John: The Structure of Magic, Volume I; A Book about Language and Therapy. Palo Alto, California: Science and Behavior Books 1975; dt.: Metasprache und Psychotherapie. Die Struktur der Magie I. Paderborn: Junfermann 1980, 8. Aufl. 1994.

Bateson, Gregory: Ökologie des Geistes: anthropologische, psychologische, biologische und epistemologische Perspektiven. Frankfurt am Main: Suhrkamp 1990.

Bateson, Gregory; Bateson, Mary Catherine: Wo Engel zögern: unterwegs zu einer Epistemologie des Heiligen. Frankfurt am Main: Suhrkamp 1993.

Blaha, Michael: Models of Models; in: Journal of Object-Oriented Programming. SIGS Publication, September 1992, S. 13 ff.

Cameron-Bandler, Leslie; Gordon, David; Lebeau, Michael: The Emprint Method: a Guide to Reproducing Competence; Moab, Utah: Real People Press 1985; dt.: Die EMPRINT-Methode. Ein Handbuch zum Ressourcen- und Kompetenztraining. Paderborn: Junfermann 1995.

Chong, Dennis K.; Smith Chong, Jennifer K.: Power and Elegance in Communication. People, Paradigms and Paradoxes. Oakville, Ontario: C-Jade Publishing Inc. 1993.

Chong, Dennis K.; Smith Chong, Jennifer K.: Don't Ask Why?! A Book about the Structure of Blame, Bad Communication and Miscommunication; Oakville, Ontario: C-Jade Publishing Inc. 1991; dt.: Frag nicht warum ... NLP-Grundlagenarbeit. Paderborn: Junfermann 1995.

DeLozier, Judith; Grinder, John: Turtles all the Way down: Prerequisites to Personal Genius; Bonny Doon, California: 1987; dt.: Der Reigen der Daimonen. Paderborn: Junfermann 1995.

Dilts, Roben B.: Roots of Neuro-Linguistic Programming. Cupertino, California: Meta Publications 1976.

Dilts, Robert B.: Changing Belief Systems with NLP; Cupertino, California: Meta Publications 1990; dt.: Die Veränderung von Glaubenssystemen: NLP-Glaubensarbeit. Paderborn: Junfermann 1993.

Dilts, Robert B.; Epstein, Todd: Overview of Basic NLP. Skills & Tools. Ben Lomond, California: Dynamic Learning Publications 1992.

Dilts, Robert B.; Epstein, Todd: Overview of Advanced NLP. Skills & Tools. Ben Lomond, California: Dynamic Learning Publications 1992.

Geier, Manfred: Das Sprachspiel der Philosophen: Von Parmenides bis Wittgenstein. Reinbek: Rowohlt 1989.

Korzybski, Alfred: Science and Sanity. An Introduction to Non-Aristotelian Systems and General Semantics. Lakeville, Connecticut: Institute of General Semantics, [4]1958, [6]1980, (l.Aufl. 1933).

Korzybski, Alfred: Time-Binding: The General Theory (Second Paper). Lakeville, Connecticut: Institute of General Semantics 1926.

Lay, Rupert: Das Bild des Menschen: Psychoanalyse für die Praxis. Frankfurt am Main, Berlin: Ullstein 1989.

Lay, Rupert: Führen durch das Wort: Fremd- und Eigensteuerung, Motivation, Kommunikation, praktische Führungsdialektik. Frankfurt am Main, Berlin: Ullstein 1991.

Lay, Rupert: Wie man sinnvoll miteinander umgeht: Das Menschenbild der Dialektik. Düsseldorf: ECON 1992.

Lay, Rupert: Die Macht der Wörter: Sprachsystematik für Manager. Frankfurt am Main, Berlin: Ullstein 1992.

Lay, Rupert: Die Macht der Moral: Unternehmenserfolg durch ethisches Management. Düsseldorf: ECON 1993.

Levinson, Stephen C.: Pragmatik. Tübingen: Niemeyer 1990.

Linke, Angelika; Nussbaumer, Markus; Portmann, Paul R.: Studienbuch Linguistik. Tübingen: Niemeyer 1991.

Maturana, R. Humberto; Varela, J. Francisco: Der Baum der Erkenntnis: Die biologischen Wurzeln des menschlichen Erkennens. Bern und München: Scherz 1987.

Miketta, Gaby: Netzwerk Mensch: Psychoneuroimmunologie: den Verbindungen von Körper und Seele auf der Spur: eine neue Wissenschaft revolutioniert unser Weltbild. Stuttgart: Thieme 1991.

Odell, James: Managing Object Complexity, Part I: Abstraction and Generalization; in: Journal of Object-Oriented Programming. SIGS Publication, September 1992, S. 19ff.

Revenstorf, Dirk: Nonverbale und verbale Informationsverarbeitung als Grundlage psychotherapeutischer Intervention; in: Hypnose und Kognition, Zeitschrift für die Grundlagen und klinische Anwendung von Hypnose und kognitiver Psychologie; Band 2, Heft 2. München: Milton Erickson Gesellschaft für klinische Hypnose e.V., Oktober 1985.

Roth, Gerhard: Das Gehirn und seine Wirklichkeit. Frankfurt am Main: Suhrkamp 1995.

Runggaldier, Edmund: Analytische Sprachphilosophie. Stuttgart. Kohlhammer 1990.

Savigny, Eike von: Die Philosophie der normalen Sprache: eine kritische Einführung in die "ordinary language philosophy". Frankfurt am Main: Suhrkamp 1993.

Schwarz, Monika: Einführung in die kognitive Linguistik. Tübingen: Francke 1992.

Simon, Fritz B.: Unterschiede, die Unterschiede machen: klinische Epistemologie: Grundlagen einer systemischen Psychiatrie und Psychosomatik. Frankfurt am Main: Suhrkamp 1993.

Skirbekk, Gunnar; Gilje, Nils: Geschichte der Philosophie: Eine Einführung in die europäische Philosophiegeschichte mit Blick auf die Geschichte der Wissenschaften und die politische Philosophie. Frankfurt am Main: Suhrkamp 1993.

Stahl, Thies: Neurolinguistisches Programmieren (NLP); was es kann, wie es wirkt und wem es hilft. Mannheim: PAL Verlagsgesellschaft 1992.

Wittgenstein, Ludwig: Werkausgabe Band I: Tractatus logico-philosophicus; Tagebücher 1914-1916; Philosophische Untersuchungen. Frankfurt am Main: Suhrkamp 1984.

Varela, J. Francisco: Kognitionswissenschaft – Kognitionstechnik: Eine Skizze aktueller Perspektiven. Frankfurt am Main: Suhrkamp 1993.

Vroon, Piet: Drei Hirne im Kopf: warum wir nicht können, wie wir wollen. Zürich: Kreuz-Verlag 1993.

• • • • • • • • • •

Alle Bücher von Inke Jochims, finden Sie auf dieser Seite:

Die Bücher von Inke Jochims

Stöbern und kaufen Sie hier

alle Bücher von Inke Jochims!

www.jochims-buecher.de

• • • ● • ● • • •

Alle digitalen Produkte von Inke Jochims finden Sie auf dieser Seite:

Der Shop von Inke Jochims

https://www.myablefy.com/s/inke-jochims

Stöbern und kaufen Sie alle digitalen Produkte von Inke Jochims

https://myablefy.com/

● ● ● ● ● ● ● ● ●